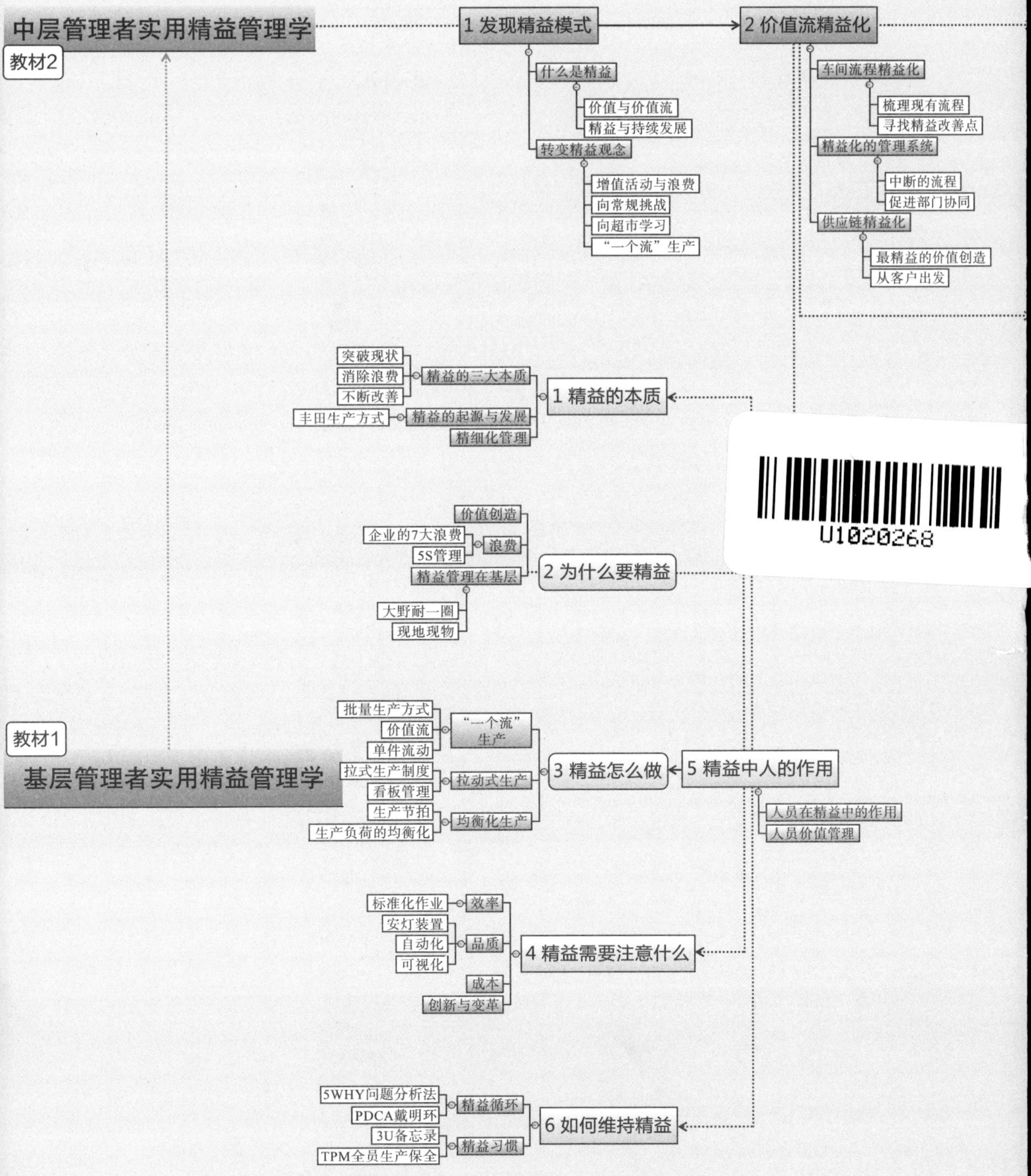
中层管理者实用精益管理学
教材2
1 发现精益模式
什么是精益
价值与价值流
精益与持续发展
转变精益观念
增值活动与浪费
向常规挑战
向超市学习
“一个流”生产
2 价值流精益化
车间流程精益化
梳理现有流程
寻找精益改善点
精益化的管理系统
中断的流程
促进部门协同
供应链精益化
最精益的价值创造
从客户出发
1 精益的本质
精益的三大本质
突破现状
消除浪费
不断改善
精益的起源与发展
丰田生产方式
精细化管理
2 为什么要精益
价值创造
浪费
企业的7大浪费
5S管理
精益管理在基层
大野耐一圈
现地现物
教材1
基层管理者实用精益管理学
3 精益怎么做
“一个流”生产
批量生产方式
价值流
单件流动
拉动式生产
拉式生产制度
看板管理
均衡化生产
生产节拍
生产负荷的均衡化
5 精益中人的作用
人员在精益中的作用
人员价值管理
4 精益需要注意什么
效率
标准化作业
品质
安灯装置
自动化
可视化
成本
创新与变革
6 如何维持精益
精益循环
5WHY问题分析法
PDCA戴明环
精益习惯
3U备忘录
TPM全员生产保全

图　实用精益管

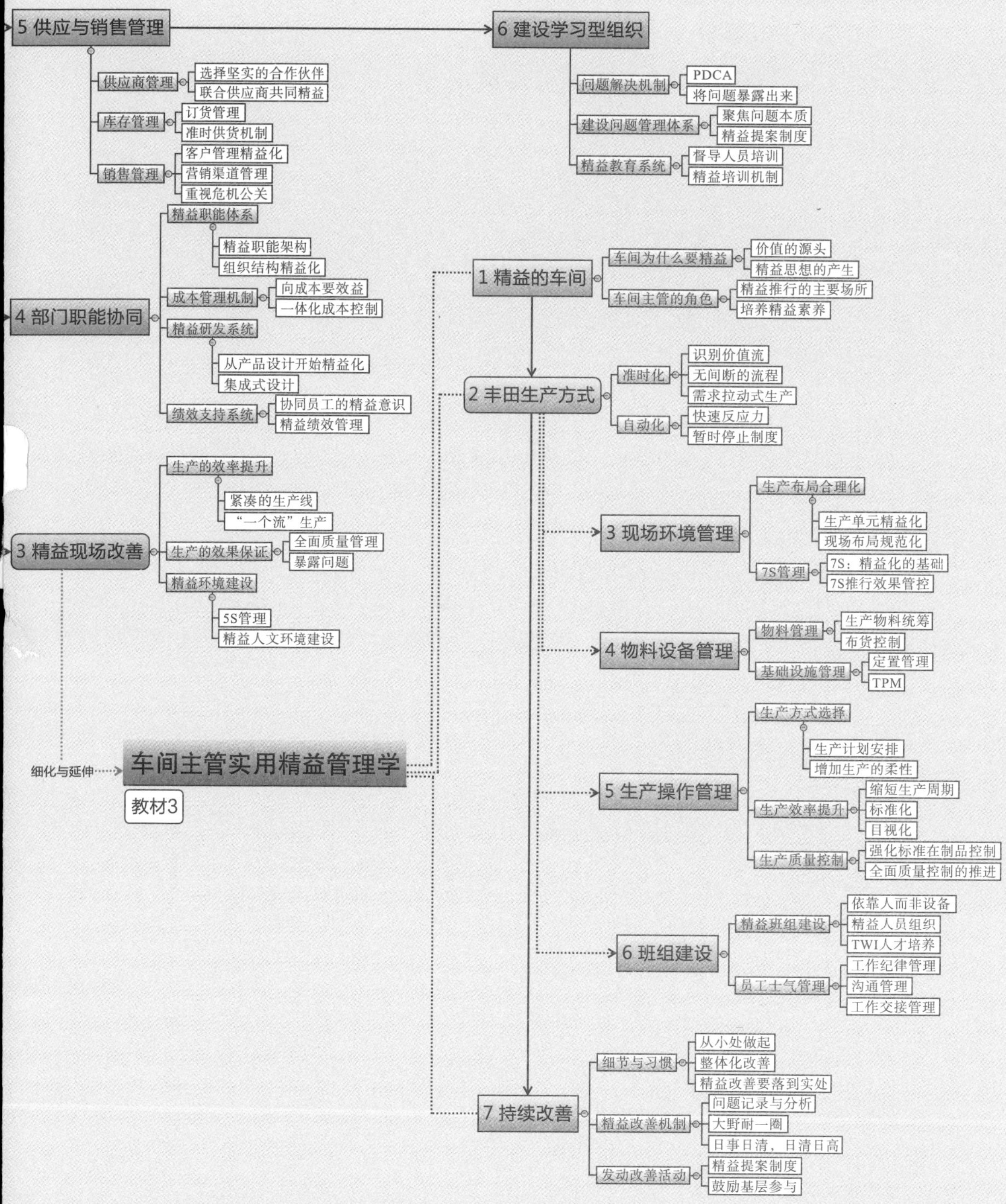
5 供应与销售管理
供应商管理
选择坚实的合作伙伴
联合供应商共同精益
库存管理
订货管理
准时供货机制
销售管理
客户管理精益化
营销渠道管理
重视危机公关
6 建设学习型组织
问题解决机制
PDCA
将问题暴露出来
建设问题管理体系
聚焦问题本质
精益提案制度
精益教育系统
督导人员培训
精益培训机制
4 部门职能协同
精益职能体系
精益职能架构
组织结构精益化
成本管理机制
向成本要效益
一体化成本控制
精益研发系统
从产品设计开始精益化
集成式设计
绩效支持系统
协同员工的精益意识
精益绩效管理
3 精益现场改善
生产的效率提升
紧凑的生产线
“一个流”生产
生产的效果保证
全面质量管理
暴露问题
精益环境建设
5S管理
精益人文环境建设
细化与延伸
车间主管实用精益管理学
教材3
1 精益的车间
车间为什么要精益
价值的源头
精益思想的产生
车间主管的角色
精益推行的主要场所
培养精益素养
2 丰田生产方式
准时化
识别价值流
无间断的流程
需求拉动式生产
自动化
快速反应力
暂时停止制度
3 现场环境管理
生产布局合理化
生产单元精益化
现场布局规范化
7S管理
7S：精益化的基础
7S推行效果管控
4 物料设备管理
物料管理
生产物料统筹
布货控制
基础设施管理
定置管理
TPM
5 生产操作管理
生产方式选择
生产计划安排
增加生产的柔性
生产效率提升
缩短生产周期
标准化
目视化
生产质量控制
强化标准在制品控制
全面质量控制的推进
6 班组建设
精益班组建设
依靠人而非设备
精益人员组织
TWI人才培养
员工士气管理
工作纪律管理
沟通管理
工作交接管理
7 持续改善
细节与习惯
从小处做起
整体化改善
精益改善要落到实处
精益改善机制
问题记录与分析
大野耐一圈
日事日清，日清日高
发动改善活动
精益提案制度
鼓励基层参与

理培训教学体系

实用精益管理培训系列教程

中层管理者实用精益管理学

易生俊 孙亚彬 著

中国人民大学出版社
·北京·

丛书说明

本套丛书是过去两年时间里，我们集合了企业一线精益管理者、相关企业的精益咨询师以及研究团队共同撰写的精益素质培养与推行指导读物。

研究出版这套书是出于两个重要的原因：

第一，目前很多企业希望推行精益管理，特别是生产制造业。最近这两年，一些非制造业的企业也希望采用精益管理思想。但是，大部分企业在推行过程中常常是失败的。这种失败有两种解读：一部分人认为，企业不适合做精益，这是谬误；另一部分人认为是精益思想本身的问题，这当然是更大的谬误。推行精益，必须先了解精益。

了解精益，还不能停留在表面，要了解精益的精髓及本质要求。这就像我们经常在企业中所能见到的“看板管理”。现在的很多企业提精益必提“看板管理”，似乎看板管理就代表“拉动”，代表着精益。要纠正这些看法，就要真正认识精益，必然需要对精益进一步解读和培训，这就是编写这套书的第一个原因。

第二，企业推行精益常常没有全面系统的规划和能力储备。我们说，推行精益应该是一个系统工程，这中间需要各层级、各岗位人员协同进行。确切地说，一处精益，另一处不精益；一处效率高，一处效率低……这在精益思想中叫“精益孤岛”。精益孤岛的存在，本身就是不精益的表现。从系统协同的角度出发，每一个不同的群体、不同的岗位，都会有不同的任务要求，包括掌握不同精益技能的要求。而这个原因，正是我们这套书之所以依据不同对象、不同专业进行分册说明的背景所在。

如果企业试图推行精益管理，我们对企业的建议是：要做到全员懂精益要求（具备精益素养），从车间入手（选“点”突破）、由中层统筹，落实到企业大流程上来。这是一个基本逻辑和路径，另外，要掌握必要的精益技术和技能，并且要能够熟练运用。

依据这样一个路线图，我们把全员精益素质放在《基层管理者实用精益管理学》一书中来解读；把精益的突破点放在《车间主管实用精益管理学》中来讨论；把中层统筹工作放在《中层管理者实用精益管理学》中来解读。而最终，精益追求的是全企业的价值流精益，所以我们还要通过一个专题提供这方面的解读，这就是《实用精益流程管理学》。围绕着这样一个体系，每一个人当然还需要掌握技术技能，这就是《精益管理技能技术与实务》这本书的任务。

概括起来看，这套书服务于企业的精益管理工作有两个方面的任务：一是精益素养；二是推行方法。每一本书的定位、特征以及内容说明等，在单本书的前言中都有非常详细的说明，可供参考。

我想引申的是，中国企业目前已经到了全面实施精益管理的时候。特别是在全球工业 4.0 环境下，企业倘若连最基本的管理都不能精益，从何讨论实现全面的信息化、智能化、全网联通的建设呢？其基础何在呢？质量控制措施混乱、流程一团糟、车间生产毫无章法……在这样的情况下，谈竞争力、谈发展建设，都是空中楼阁。道理其实是简单易懂的：实现精益企业管理是工业 4.0 发展的必要阶段。依我看，这个观点特别适用于我们中国企业的发展阶段。

以上是为丛书说明，与广大企业共勉。

孙科炎

2016 年 1 月于北京

前言

中层是推动者

中层是骨干——在企业管理中中层是推动者；在精益推行中，中层是全局统筹者、精益设计者和协调者。在精益管理的推行中，中层必须站在全面推行的第一线，做指挥，做全局设计。但是，目前来看，很多企业的中层管理者在这方面仍需要系统学习。问题也很明显，例如：一些企业仅仅强化基层管理者的精益执行能力，而对中层管理者的精益意识和能力缺少足够的关注。如此一来，企业便因未能从经营管理的角度去推进精益管理活动，而屡屡出现对精益管理方向把握不足，对精益推行过程掌控不力等现象，而基层精益管理亦因此成效难显。

事实上，作为居于企业组织架构中层位置的管理人员，中层管理者们肩负企业运营的重大职责。他们是否从组织中层的视角去审视精益管理，是否能够开阔视野、科学统筹、全局推动、带领全员身体力行发展精益管理，这直接关系着企业是否能够以更快、更优的速度完成企业的经营任务。因此，如何让中层管理者获得正确的精益管理知识和系统的精益管理思维，这是一件值得企业重视的大事。

中层要懂精益管理模式

本书主要面向中层管理者，培养目标是帮助中层管理者从经营层面上了解精益管理应具备的观念和应熟知的管理模式，培养较高层次的精益管理素养和能力，进而为精益化推行提供准确的指导和足够的支持。为实现此目标，本书内容将表现出以下特征。

（1）强系统性。目前市面上关于精益管理的书籍通常流于现场精益管理领域，然而，科学有效的精益管理不应局限于基层，作为中层管理者更需要具备高瞻远瞩的眼光、全局统筹的能力，从更高的层级去设计规划精益管理活动。帮助中层管理者做到这一点，这是本书创作时秉持的核心思想。

（2）强实用性。本书立足于企业中层管理者日常管理工作，以成功企业的经营实践为例证，形象地阐述涵盖于内的精益管理理念，便于中层管理者一边联系实际，一边了解精益管理思想。对于中层管理者而言，本书的实用价值是非常高的。

（3）强逻辑性。本书著述的目的是帮助读者建立中层精益管理的基本逻辑，深刻解析中层精益管理理念和知识，以便于中层管理者在头脑中形成系统的精益管理意识和科学的精益管理逻辑。

全面培养中层精益把控力

基于上述目标，我们对本书进行了精细的策划。在本书中，我们将重点阐述精益模式、精益管理层次、精益管理实践以及精益组织建设等，具体包括以下内容：

（1）发现精益模式。精益模式是一种突破传统的管理方式，它迎合了市场环境的变化，可以说是目前最有效率的管理方式之一。为了顺利地推行精益管理，企业和管理者应该先从自身管理理念的转变开始。本章主要阐释什么是精益，以及精益管理观念的核心思想（包括：增值、“一个流”生产、拉动式生产等）。

（2）价值流精益化。价值流是对企业价值创造活动的抽象化。本章将企业价值流分为三个层次：一是车间内部的价值链，作为精益思想的发源地，车间价值流的精益化相对来说具有更多的理论支持和实践经验支撑；二是企业部门层的价值流，在这一层次中，中层管理者可发挥更多的协调作用，力求各部门以顾客价值为导向，实现协同配合；三是整条供应链层，在这一层次中管理者推行精益的对象由企业内部延伸到企业外部，将供应商与销售商也纳入企业管理的范畴。

总体上说，价值流精益化是中层精益管理遵循的核心原则，而这种精益原则在实践中亦会融会贯通。后面三章：精益现场改善、部门职能协同、供应与销售管理，都是围绕价值流精益化而做出的中层精益管理实践。

（3）精益现场改善。现场改善是精益管理的重点环节。具体而言，现场改善需要关注三个方面：效率提升、效果保障和环境建设。效率提升通常采用细胞式管理、快速换模等精益手段，以此优化生产线运作；效果保障是指生产能够保质保量地完成，通常借助全面质量管理来实现；环境建设通常采用 7S 管理来推进，特别是对全员素养加以提升。本章将对这三方面展开讨论。

（4）部门职能协同。部门职能协同是精益管理的支撑与保障。精益化的推行必须实现全员参与，需要各部门树立一体化思维，跳出本部门的利益局限去开展经营管理活动。在企业中，部门职能协同中职能体系建设是必不可少的，而且，在成本管理机制、精益研发系统、绩效支持系统等方面都需要考虑部门协同的问题。这是本章阐述的重点内容。

（5）供应与销售管理。供应与销售是精益现场管理的前端与后端的延伸。良好的供应与销售管理可以帮助企业建立起良好的价值链体系。在这一章中，将重点阐述供应商管理、库存管理和销售管理三方面内容。

（6）学习型组织建设。这是精益管理的智力支持，是提升企业精益管理能力的软实力，也是中层管理者在推进精益管理时需要考虑的重点。事实上，学习型组织中人员本身的循环改善意识和问题管理能力是非常重要的，为此，企业需要建立科学的教育系统，来帮助企业成员获得意识和能力。这是学习型组织建设必须紧抓的三个重点，也是本章着力阐述的三个方面。

总而言之，让中层管理者掌握基本的精益管理逻辑，端正系统的精益推行理念，这是本书创作时所秉持的核心原则。

致谢

本书的研究和出版工作是一个艰辛的过程，也是一个项目团队合作的过程。在这里，我们对为这本书内容研究出过力的专家，以及执笔团队给予最诚挚的敬意。因时间和能力有限，如果发现书中不足之处，还请读者朋友们谅解，并提供批评意见以供我们改正。

我们的期望是，尽最大努力为中国企业中层管理实践提供一个系统、简要的说明。倘若这本书能够给管理者带来哪怕一点点的收益，我们也心有庆幸。谢谢各位参与者，谢谢读者朋友。

作者

2015 年 12 月于北京

目录

CONTENTS

第1章 发现精益模式

精益管理的最终目标是实现高质量、低成本和最短的产品交付周期时间。回归到本质，就是对客户价值的追求。那么，企业的中层管理者应该如何树立正确的管理观念，推进企业的价值追求进程呢?

事实上，一切改变起源于观念的改变。在大规模生产时代，人们已经习惯了批量生产带来的高效率，并坚持认为分工专业化是提高效率的有效方法。的确，在批量生产的时代，越是细化的分工，带来的效率提升效果越显著，但这并不是一成不变的。

随着人们消费水平的提高，市场环境已然完成了由卖方市场向买方市场的转变，企业不再是决定市场走向的主角，决定市场走向的主角变成了消费者。在这样一种环境下，以前的高效生产方式是否已经成为了阻碍进步的绊脚石? 答案正是如此。目前，顾客的需求已经多变而细化，批量生产的方式已经无法实现对顾客需求迅速作出反应。可惜的是，众多的企业和管理者仍然局限于传统的作业方式和方法，效率提升之路举步维艰。

精益管理方式是一种突破传统的管理方式，它迎合了市场环境的变化，可以说是目前最有效率的生产方式之一。为了顺利地推行精益管理，企业和管理者应该先从自身管理理念的转变开始。

第 1 节　什么是精益

精益的核心围绕价值追求。在推行精益管理之前，我们先要理解什么是精益。

问题引入　企业存在的价值

我们衡量一家企业是否成功，往往是通过其各种财务指标和数据的比较。然而实际上，这些数据不过是一种外在表现，其成功的关键却总是集中在内部。也正因为如此，内部问题往往会被忽视或掩盖。

企业存在的价值就是为消费者提供他们需要的产品或服务。如果企业做不到这点，那就离破产不远了。但事实上，企业也许在创立之初的确立足于这一宗旨，但是在发展做大的过程中，却逐渐发生了偏离。我们开始束手束脚，希望现有的投资能够得到充分的回报，因此，很多时候，我们只是为了使用现有的资源而进行产出，却不是为了满足客户需要而使用资源。这无疑是一种本末倒置。而可惜的是，很多人并没认识到这一点，反倒视资源的大量投入和使用为快速发展的标志。

2009 年 6 月 1 日，通用汽车公司向法院申请破产保护，制造出全球最大的工业破产案。美国有线电视新闻网称此次破产事件为“通用汽车时代的结束”。关于通用汽车的破产，很多专家参与了分析和讨论。专家们普遍认为拖垮通用汽车的原因很多，无视消费者的需求是其中非常重要的一点。

1962 年，美国海洋生物学家蕾切尔·卡逊出版了《寂静的春天》一书。在这本书中，她将环境破坏的矛头指向了杀虫剂 DDT。虽然受到了极大的抵触，但是该书依然推动全球人民拉开了环保主义运动的帷幕。这次环保运动指向所有不环保的生产、生活用品，包括那些不断产生废气的汽车。

受此影响，汽车消费者的目光开始投向节能环保型车辆。但是，通用汽车却一如既往地追求“大马力”，完全不考虑当前的市场需求。比如，通用汽车取消 EV1 电动车项目之后，开始全力推广“悍马”，而“悍马”却被人们称为“有史以来对环境危害最大的车型”。市场需求拉动产品价值流，通用汽车因其无法满足消费者的需求而相继在欧洲、美国本土失去了优势的竞争地位，其市场占有率呈现出不断下滑的态势。

除此之外，通用汽车的安全问题也颇受争议。

1965年，“现代消费者权益之父”拉尔夫·纳德律师在《任何速度都不安全》一书中，严厉地批评了通用汽车公司。他指出，通用公司对汽车的性能安全问题漠不关心，而只是一味追求新款的车型和高额的利润。纳德一语中的地抓住了通用汽车公司运作中存在的一大关键问题，并收集了多方材料来佐证了通用汽车的不安全性能和隐患。即便如此，通用汽车仍然没有对汽车安全问题引起足够的重视。

与此同时，越来越多的汽车驾驶者对通用汽车的安全质量问题提出质疑和不满。一位汽车驾驶者曾明确指出了别克塞欧小轿车的安全质量问题：在其车身轮眉内侧，固定轮眉的螺钉往往过长。在遭遇不够平坦的路面时，由于车身的上下颠簸，螺钉就可能划破轮胎，造成突然爆胎的情况，甚至导致车毁人亡的严重交通事故。显而易见，这是通用汽车设计与制造上的严重质量缺陷。但是，这类安全问题并没有在设计之初即得到应有的重视。此类产品质量问题使通用汽车的后续服务成本大幅增加，同时也给其声誉带来了严重损害。

通用汽车的例子就是典型的无视客户价值，只追求企业价值的表现。

精益知识　价值与价值流

企业价值往往是相对价值，而客户价值则是绝对价值。大多数人的想法往往不知不觉地倾向于“企业本位”，容易追求相对价值；而真正决定企业生死存亡的绝对价值却被忽视。事实上，当企业以“在竞争中取胜”这一相对价值为目标时，价值实现之时可能就是停止追求之时，也是企业衰竭之时。而追求客户价值时，其追求的本源问题却是：“我们为什么而存在？”这种疑问既具有普遍性，还与未来有着密不可分的关系，因此是一种长远的价值追求。

我们可能对“价值”的定义有不同的理解，但是有一点却是统一的，那就是事物的“有用性”。在精益管理中，价值的出发点在消费者或者说客户身上。像通用汽车公司这种从企业利益出发，进而忽视客户价值的做法显然不符合精益的要求。也正因为如此，通用汽车公司偏离了企业应关注的本质问题，最终走向了落寞。

这种情况在现在的企业管理中仍然普遍存在而未获得足够的重视。精益管理思想把问题赤裸裸地暴露出来，人们才恍然大悟。于是，精益风潮兴起。

价值流是精益管理中的基本概念。价值流是一系列顺序活动的集合，涵盖了从产品概念形成到实现，或从订单交付到产成品，或从原材料到产成品的一切活动。价值流的实体表现为物料流和信息流。物料流即各阶段的产品在价值流中的流动；信息流则是伴随物料流动的各种信息的流动。

在“价值流”中，“流动”是一个非常重要的概念，也是精益管理所要追求的重要目标之一。精益管理就是以物料流和信息流的顺利流动为手段，达到价值流的顺利流动。进行客户价值创造过程中各种流的中断，就是精益管理要解决的主要问题。

一个简单的例子，传统的企业组织方式是职能部门式。这种方式有利于集中资源，实现某种特定的功能。但是，跳出部门的框架，将焦点置于产品的流动过程时，却可以看到很明显的中断情况。比如说，资料在某一个部门的堆积，产品在不同部门之间的搬运，等待被处理而进行的排队等等。一件产品并没有顺畅地走完所有的流程，而是总会出现暂停、中断，从而产生了大量的浪费。所以，精益管理力求能够消除这种中断，让价值流顺畅地流动起来。

精益管理就是站在客户的角度，尽可能地消除中断，实现价值流顺畅的管理方式。用一句话来概括精益管理的根本宗旨，那就是：适时、适量，保质、保量地提供客户需要的产品。

问题引入　精益没有捷径

自精益管理盛行以来，推行精益化似乎成了一种时尚，一件企业非做不可的事。但是，在精益化大潮之中，又有多少企业做好了推行精益化的准备呢？很多人认为，精益化就如同上一个新项目，几个月至多一两年就可以看到成效。的确，精益的效果在短期内就可以显现，但是，想要维持这些效果，却不是那么简单的。

但是，企业界的浮躁之风并没受到压制。不少企业的精益化只不过是一场匆匆忙忙的管理秀，当发现精益之路的不平坦之后，我们的热情很快就会消失，一切又回到了原点。浅尝辄止的精益化之路有太多前车之鉴。

曾经有一家美国企业，号称施行精益化管理的典范，很多企业纷纷向其学习。这家企业也想当然地认为自己的精益化已经到了最完美的状态。但是，丰田公司的精益化团队证明，该企业和外界对其精益结果过分高估。

丰田团队在这家公司里选择了一条生产线，使用丰田生产方式进行改进。结果，9 个月之后，这条生产线与之前的情况判若两级。其精益化的程度，令该公司和外界大吃一惊。这条生产线的所有重要的绩效评估指标都明显超出同厂的其他生产线。比如：生产产品的前置期缩短了 93%，从 12 天减为 6.5 小时；在制品存货期缩短了 83%，从 9 小时减为 1.5 小时；成品存货量减少 91%，从 3.05 万件减少到 2 890 件；生产力提高了 87.5%；加班时间减少了 50%。

在这之前，该公司的精益方式的确有了很显著的效果。但是，与丰田的精益方式相比，差距仍然十分巨大。由此可见，精益改进的空间是永远存在的，企业也不应该局限于短期的效果，而应立足于长远的精益。

还有一种情况是，企业习惯于向某些标杆企业学习，而把学习内容移植到自己的企业。事实上，精益的实际做法无法从一个地方复制到另一个地方。单纯的照搬照抄并不能发挥精益的精髓，即便是在同一个企业，针对不同领域或部门的精益化也无法百试不爽。

一位从事快速消费品类行业工作的管理者曾说了这样一段感受："我们曾经在全国推出过一个名号响亮的产品，但是，如果按照这个流程体系再推出一个产品，难度却很大。因为在当前的市场环境中，如果想推出一个新品，需要考虑到的因素非常多，比如，推出的地区、产品终端、销售人员、新闻媒体、媒体付费、广告版本、产品考核期、产品投入产出比等等，哪个因素也不能少。原来的新品上市流程，根本经无法适应现实需要。原来我们的计划做法是为每个部门发一张大表格，部门之间看不到对方的数据变化，各部门对其他作业流程运行结果的预估极为简单、宽泛。当销售部根据一个阶段的实际业绩来考核后，马上就需要考虑对原来计划的广告投放和促销手段等进行调整。原始计划和执行计划完全成了两回事，这种旧的作业流程让我们在新环境里吃尽苦头……"

这家企业曾经有过成功的新产品上市，带来了可观的收益和响亮的名声。他们最初的新品上市流程，曾一度成为业内人士学习的榜样，是同行企业流程优化的参照。但是，如今他们计划再推出一个新品来完成企业的又一次飞跃时，得到的却是一个失败的结果。不过是短短两年时间，他们就必须老老实实地改进自己的流程了。

精益理念　精益与持续发展

如果人们采取了有效的精益推行方法、技巧，那么稍微认真努力的话，就有可能把成本降低10%～20%。但是，很多人到这里就变得安于现状。他们认为已经取得了不错的效果，而"再改善的难度系数就会变大，等于是在难为自己"。于是，他们便在无意中放缓了追求精益的步伐。而之前所产生的精益推行效果也因此无法长久维持，转瞬间企业便又会回到过去的状态。

精益的道路是很漫长的，精益永无止境。

越来越多的企业开始重视精益化管理，他们聘请专家或邀请专业培训机构进行指导，或者推广使用精益工具……精益化活动进行得可谓"轰轰烈烈"。但是，能够一直坚持下去的企业却寥寥可数，大多数企业浅尝辄止——当企业运营状况稍有改善，或者遇到困难时，精益化活动便宣告暂停。

以最少的投入获得最大的产出一直是企业的追求，但是精益之路并没有捷径。我们也许需要反复试验，需要不断面对失败，需要针对一个细节反复做研究，这些都成为顺利实施精益管理的阻碍。也正因为如此，迄今为止精益做得最好的也只有丰田一家。即便到了今天，丰田人仍然认为："精益改善尚未完成。"

大野耐一的说法是："精益永无止境。"

每家企业中都存在着一些不够精益的问题，而且没有任何一家企业能够达到"无法进一步改善"的境界。而且，企业内外部环境瞬息万变，新的问题总是不断产生。因此，管理者和精益参与者都必须清醒地认识到：精益化是一个需要持之以恒的改善过程，绝不是花上数月即可完成的项目。

精益生产的开创者——丰田公司的产品和管理之所以居于世界领先水平，就在于：在其实施精益生产五六十年的历程中，丰田始终以每年5%～10%的进步速度在不断自我改善。与之形成鲜明对比的是，很多企业目前仍处于粗放式管理阶段，浮躁之风盛行，管理弊病积重难返，生产资金占用大、产品制造周期长等，这些都是不容回避的现实。在这种情况下，要想一蹴而就地实现精益化，更加不可能。而仅限于浅尝辄止的精益化活动，更是难以看到成效。

企业是不断发展的，伴随着企业成长和发展，各种问题也会出现。从这个角度来说，精益化是维持企业健康、持续发展的有效工具。因为精益管理强调不断发现问题、解决问题，追求不断的改善，最大限度地做到尽善尽美。

辅助阅读

精益管理思想简介

精益管理思想的核心是精益生产方式，而精益生产方式是西方学者对丰田生产方式（TPS）的总结和完善。1996 年，麻省理工学院教授詹姆斯·沃麦克和丹尼尔·琼斯在其《精益思想》一书中，将丰田生产方式由经验转变为理论，精益生产方式由此载入史册。

那么，什么是精益呢?

在《精益思想》一书中，詹姆斯·沃麦克和丹尼尔·琼斯把精益生产定义为包含5个步骤的流程：定义顾客价值——定义价值流程——建立无间断的操作流程——进行拉式生产——追求卓越。

在精益管理中，价值的出发点在消费者或者说顾客身上。因此，从顾客价值出发成为精益思想的重要理念。丰田生产方式的发明者之一大野耐一先生则这样阐述：我们所做的，其实就是注意从接到顾客订单到向顾客收账这期间的作业时间，由此剔除不能创造价值的浪费，以缩短作业时间。

现代管理理论对精益并没有十分确切的定义，但是基本认为，精益生产就是通过改善组织结构、人员分工、组织运行方式和市场供求等，使生产系统迅速适应顾客需求的不断变化，并能使生产过程中一切不产生价值的活动被精简，最终达到整个供应链的最优的一种生产管理方式。

精益管理思想是对精益生产方式的进一步发展，它使得生产制造企业以外的技术型和服务型企业同样可以运用精益的思想，实现更有效率的作业。

精益生产方式有两大支柱：准时化与自动化。

1. 准时化

在我们需要一件东西的时候，如果这件东西能够恰好出现在我们面前，那将带来多大的满意度？同样，如果我们能在顾客需要的时候提供必要的高质量产品，必然能够提高客户满意度进而提升企业绩效。准时化就是以此为指导理念的管理思想。概括地讲，准时化就是“在必要的时间，按必要的数量，提供必要的产品”。

2. 自动化

精益生产中的自动化并不是我们平常所说的自动化技术，而是更多地强调人的自主能动性。

日本曾经引进了一批欧美先进的自动化设备，但是，当设备发生故障时，仍然需要专门看管设备的员工通报修理人员来维修，自动化的优势并没有发挥出来。大野耐一认为，有必要让设备离开人的监视，独立运作。他借鉴了丰田集团创始人丰田佐吉的自动织布机原理，设计了可以自动停止的设备。

大野耐一尝试将传感器装到设备上，当设备故障时可以自动停止工作。但是，设备暂停后并不知道问题发生在哪里，员工仍然不得不在生产线中奔跑，寻找故障出处。于是，大野耐一又安装了灯光显示板，即指示灯。这个指示灯与各个机床相连接，放在一个固定位置上，一旦出现异常，设备自动停车，技术人员也能够在第一时间进行检修，大大地提高了组长及维修部的工作效率，保证了生产的正常进行。

在这种自动停止的制度中，除了设备的自动停止外，人的能动性也被充分调动。如果员工发现了异常状况，他们有权力按下装置，暂停生产线，并在有限的时间里迅速找到解决问题的办法。

准时化提高了生产的效率，自动化提高了员工的质量意识，确保了产品的品质。两大支柱共同保障了对顾客需求的迅速响应。当然，光凭借准时化和自动化并不能实现精益管理，还需要遵循必要的条件或原则。

3. 一个核心：寻求价值增长

企业对价值的追求是不停歇的。

没有废品废料，投入的每一份资金都物超所值，可能是每一家企业的追求。但是，不产生价值的行为总是存在，问题也总会出现。管理者能做的，就是尽可能减少不产生价值的活动，努力寻求价值增长。

完善的精益管理思想还包含众多文化理念，这就是我们要掌握的精益管理的基本原则。其中，“一个流”成为精益管理思想的核心原则，是对批量生产方式的颠覆性改善。具体内容见后文。另外，持续改善与学习也是精益管理的重要原则。

第 2 节　转变管理观念

在精益化的过程中，管理者要经历从意识到行为的变化。因此，精益化进程首先要从理念的转变开始。

案例引入　无处不在的浪费

在大野耐一推行精益管理的过程中，流传着这样一个小故事。

“A，拿着那个箱子跟我来！”

在生产现场监督改善的新员工 A，突然被大野耐一这样叫了一声。这时，大野耐一已经开始快速地向前走，A 赶紧拿起木箱子跟了过去。

大野一边巡视生产线，一边往前走。现场工作人员都非常害怕，低头默默地工作。A 则拿着箱子紧跟在大野身后。这让人感觉非常滑稽。

终于巡视了一圈，回到开始巡视之处。大野开口道：“你没有看见生产线旁边散落的零件吗?”“看见了。”“那为什么不把它们捡起来?”“您只是说让我跟在后面，并没说要把它们捡起来……”“赶快再去走一圈，把零件全都捡起来!”

于是，A 又拿着箱子回到生产线，把零件全部捡到箱子里，回到大野耐一面前。大野耐一从中拿起一个零件放在手中，问道：“知道这个零件多少钱吗?”A 那时只是一个刚刚加入丰田的新员工，对于零件价格一无所知。

“我现在把箱子里零件的价格告诉你，你来算算一共有多少钱。”

A 赶紧将大野耐一说出的数十种零件的价格一一计算出来，没想到，计算结果让他非常惊讶：那些看来毫不起眼的、散落在生产线的螺丝、按钮等零件，似乎都不值几钱，但是加起来后竟然得到了一个庞大的数字。

"无处不在"的浪费已经成为企业管理最强大的杀手。事实上，正因为令人触目惊心的浪费数量和金额，使丰田生产方式不得不将发现浪费和消灭浪费作为精益管理的出发点。

很多浪费现象我们都视而不见，这是典型的违背精益理念的态度。企业的管理者应该学会发现浪费并消除浪费。

精益知识 增值活动与浪费

没有废品废料，投入的每一份资金都物超所值，可能是每一家企业的追求。但是，不产生价值的行为总是存在，问题也总会出现。管理者能做的，就是尽可能减少不产生价值的活动。为此，我们有必要先了解哪些是有价值的活动，哪些是纯粹的浪费。

价值流中的全部活动按照是否能为顾客产生价值，可以分为三种：增值活动，非增值但必要的活动，非增值活动。

增值活动，是指直接能够对创造客户价值作出贡献的活动，比如说汽车的焊接。非增值但必要的活动，是指不能直接创造客户价值，但是却是增值活动实现所必需或无法避免的活动。比如说质量检验。非增值活动，是指在操作上完全不必要、应该立即消除的活动。其中，非增值但必要的活动是"一型浪费"，非增值活动为"二型浪费"。显然，"二型浪费"是精益管理致力于消除的对象。在后面的叙述中，我们把非增值活动简称为"浪费"。

研究表明，增值活动只占企业生产经营活动的5%，非增值但必要的活动约占60%，而其余35%则是浪费。显然，消费者只愿意为其中的5%支付代价，因此，企业必须致力于消除不增值的浪费。

大野耐一对企业中的浪费有明确的界定，他将浪费划分为七大类。分别是：过量生产的浪费、库存的浪费、质量缺陷的浪费、动作的浪费、加工的浪费、等待的浪费、运输的浪费，这些动作都不会产生附加价值。具体说明如表1—1所示。

这七大浪费被人们称为工业生产现场中最为常见的浪费现象，而这些浪费并不局限在生产领域，完全可以扩展到整个企业中。后续的学者丰富了大野耐一的理论，将浪费现象定为8种，把人力资源智慧的浪费也算在其中。实际上，这种浪费是十分普遍而且重要的。

著名的日化企业联合利华在生产线上遇到了一个难题。联合利华生产香皂的生产线上香皂盒出现一定比例的漏装现象，也就是说，有些香皂盒里没有装香皂就下了生产线。联合利华召集了几位博士学位的工程师来攻克这个难题，经过半年多的努力，耗资数百万美元后，解决方案终于出来了：在生产线上设置了一个类似 X 光照射的设备，就像乘坐火车和飞机前的安监设备一样，没有装肥皂的空盒马上能透视和检测出来。联合利华管理层对这个方案很满意。

表 1—1　　大野耐一提出的七大浪费

序号	浪费类型	类型说明
1	过量生产的浪费	过量生产是最严重的浪费行为。它会给人安心的错觉，隐藏各种问题，隐藏现场中可供改善的线索。
2	库存的浪费	库存不仅占用了空间，还需要额外的机器及设施、人员来操作及管理，但是却使人们意识不到问题的严重性，从而丧失了改善的机会。
3	质量缺陷的浪费	任何不良品的产生，既干扰了生产活动，又会造成材料、机器、人工等的浪费；及早发现不良品，确定不良来源，才能减少不良品的产生。
4	动作的浪费	人体的任何动作如果没有直接产生附加价值，就是没有生产力。如提起或持有一个重物，需要操作者特别用力，那么这个动作就需要改善。
5	加工的浪费	有时，不适当的设计也会衍生加工本身的浪费。机器加工过程过长或过分加工、去毛边的动作，都是加工浪费的例子，这都是可以避免的。
6	等待的浪费	生产线不平衡、缺料、机器故障，使得操作员停止生产，或者机器在进行附加价值的加工，而操作员在旁边监视，这都属于等待的浪费。
7	运输的浪费	现场离不开运输，但是运输物料并不能产生附加价值；在运输过程中，经常会造成物料损伤，这就是更大的浪费了。

而面对同样的问题困扰，某肥皂小厂生产线上的一位小工想出解决的办法。他将车间里常见的、为了通风降温的两只大铁风扇，放到香皂的生产线两侧，对着生产线上的肥皂盒狂吹。没有装香皂的空盒，因重量轻，自然被风吹下生产线。于是，这个问题在不花一分钱的情况下，迎刃而解。

大野耐一提出的 7 种浪费，或者说人们经常关注的浪费，都是显而易见的浪费。那些并非显而易见的员工智慧的浪费却经常被忽视。

认识增值活动与浪费是实施精益管理的前提，管理者要从辨认精益点开始，致力于一切不产生客户价值的活动的消除，逐渐实现精益化。

问题引入　习惯与传统

每个人都有自己的作业习惯，每一家企业也都有自己传统的管理模式。老话说“熟能生巧”，习惯与传统使得人们行动更加迅速，的确受益匪浅。但是，拘泥于习惯或传统则可能走入思维的误区。

比如，大多数人会认为经过长年工作积累下来的经验必然优点居多、缺点很少。而任何人也都希望不利因素越少越好，这种心理使人们更倾向于按照经验来行事，甚至成为业内的“作业常识”。从上层管理者到中层管理者甚至一线作业人员，都可能被禁锢在这种经验带来的错觉中，认为现行的做法是最科学的；或即使不认为是最优的，也觉得别无选择。

在丰田汽车公司创立早期阶段，曾有一项在零件上钻孔的工作。对这项工作，很多新员工选择手动方式作业来完成，而拒绝借力于机器设备。其实，只要员工打开自动模式，机器完全可以自动钻孔。但是，员工们却认为手动作业更有效率。因为如果选择自动模式，即使钻头后来变钝了，机器仍然会继续运作，这会影响钻孔的尺寸甚至导致钻头被折断；而选择手动作业方式则可以随时掌控钻头状况。通常情况下，人们可以在 30 秒钟内钻好一个孔，所以他们认为手动钻孔的效率更高。但事实上，在 7 小时工作时间内，员工们即使毫不间断地拼命工作，也只能勉强钻好 80 个孔。

使用机器的自动模式钻孔一个孔需要花费 40 秒时间，而手动作业仅需要 30 秒而已——似乎手工操作方式的效率更高。不过，在这个表面现象下却隐藏着一个极易被忽视的问题：如果手动钻孔，大约每完成 3 个孔，钻头就会变钝，需要借助砂轮机来打磨钻头；然后再钻 3 个孔，再去打磨钻头。而由于当时砂轮机数量无法达到人手一台，员工每次去打磨钻头时都不得不长时间地排队等待。如果将打磨钻头所需要的时间也计算在内，那么为打磨钻头所需的往返时间便达到了 10 分钟。始终忙碌着的员工认为自己已是非常努力地工作，并在 30 秒内即可完成 1 个孔。实际上，他们陷入了“效率很高”的经验思维陷阱。

另外，即便是在一些已经实施精益的企业中，习惯也很可能卷土重来。我们经常可以看到，精益专家在的时候的确取得了有效的成果，但是专家一离开，企业很快恢复了原来的状况。治标不治本，员工的观念不改，旧习惯死灰复燃，精益化努力就很容易付之流水。而这些旧习惯的反复给精益环境带来了极大的冲击，人们开始怀疑精益管理是无效的，下一轮精益活动开展的阻力因此而变大。

一线员工的作业习惯与经验就已经是如此的不精益，那么身处企业运营管理核心的管理者呢？显然，管理者思维方式的精益化更加重要。

精益理念　向常规挑战

习惯与传统是制约发展的重要原因，而精益思想要求我们必须跳出这些思维框架，打破传统，向常规的管理方式挑战。

受旧习惯的影响，人们会认为“以前就是这样做的”，于是产生了“历来如此”的想法和“听之任之”的行为。而恰恰是这些曾经使之收益颇丰的习惯，若是被简单地“固化”下来，那么便可能给企业带来不易觉察的损伤，对企业而言，反倒是弊大于利。这是精益推行过程中的大忌。

丰田汽车在发展初期，一直致力于生产经济实惠的中低端车型。本来这一市场定位并没有问题，但是，当他们自己的高管都不愿意乘坐丰田车上下班的时候，这一坚持是否还有必要呢？汽车的档次反映车主的地位和品位，连本企业的高管都放弃了自己的品牌而选择了其他车款，这就表明丰田对中低端车型的坚守并没有道理。如果丰田的管理者固执己见，将错失发展的契机。幸运的是，丰田经过不懈的努力打造了自己的豪华车品牌，并最终为企业跻身于世界级汽车厂商之列立下了汗马功劳。

企业容易模仿和遵守行业里固有的经营模式，甚至奉为圭臬。那些业界资深企业更是会严格坚守自己的成功之本。但是事实证明，一味遵守传统并不是好的选择，适时的、积极的变革非常必要。

应用案例

杜邦的改革

美国杜邦公司是世界上最大的化学公司，从建立至今，已有近 200 年的历史。在这 200 年中，杜邦公司的组织机构几经变革。

但是 20 世纪 60 年代初，杜邦公司接二连三地遇到了难题：过去许多产品的专利权纷纷满期，在市场上受到日益增多的竞争者的挑战；道氏化学、孟山都、美国人造丝、联合碳化物，以及一些大石油化工公司相继成了它的劲敌。

1962 年，公司的第十一任总经理科普兰上任，他被称为“危机时代的起跑者”。上任没有几年，科普兰就把总经理一职，让给了非杜邦家族的马可。财务委员会议议长也由别人担任，自己专任董事长一职。从而形成了一个“三头马车式”的体制。这在杜邦公司中，是史无前例的。1971 年，他又让出了董事长的职务。

这一变革，看似没有对组织架构进行任何调整，意义却非同小可。因为，杜邦公司是典型的美国家族公司。公司内部几乎有一条不成文的法律，即非杜邦家族的人不能担任任何高层管理职务。公司甚至实行同族通婚，以防家族财产外溢。

而科普兰大刀阔斧的改革，彻底改变了狭隘的“家族理念”，大胆使用并授权于“外人”。而事实也证明，此后杜邦公司的几次成功，与新的用人体制密切相关。

在杜邦公司，上百年来，高管只能由杜邦家族担任。人们也对此习以为常。直到问题接二连三地出现，才开始有人反思这种惯例的合理性。如果不是科普兰有挑战传统的精神，杜邦公司可能要继续延续“家族管理”的惯例。到今天，杜邦公司也许就不会存在了。

管理者作为精益化推行的主要驱动人员，跳出思维框架势在必行。但是，精益化的具体执行工作毕竟在一线员工，管理者除了自身养成打破常规的思维模式，也要培养员工的这种意识。为此，开展精益管理教育和培训是非常必要的。关于这一点，我们将在第 6 章进行更加详细的介绍。

敢于并彻底改变过去的习惯做法，并保证改进活动的持续性，才能改变低效率的现状，而这也正是精益管理的核心理念之一。

案例引入　可乐罐的批量生产

在生产罐装可乐的过程中，可乐罐才是最复杂的部分。可乐罐也是生产供货时间中耗时最长的部分。下面，我们将可乐罐的整个生产流程进行进一步的分析。铝罐在可乐消费的整个过程中的流动如图 1—1 所示。

由于采矿机械是巨大的，同时为了长期的生产计划，一次采矿可以开采的矿石数量高达几百万吨。然后，数量庞大的矿石要经由大型货车运送至化学厂进行还原，制造出氧化铝粉。当氧化铝的数量足够装满一个矿山集装箱时，就将其装船。这时，大约需要 50 万吨氧化铝，可以做 1 000 万个罐。这个过程需要花费大约 2 周时间。然后，花费 4 个星期将集装箱运送到具备便宜的水力发电资源的冶炼厂。

氧化铝在冶炼厂等待大约 2 月时间，然后花费 2 个小时将 2 吨氧化铝制成 1 吨铝。一般批量冶炼的方法使每次生产铝的量要大到可以浇铸成几十个 1 米见方、十几米长的铝锭。在铝锭冷却和储存花费 2 周后，在将其运送到热滚轧厂。在热滚轧厂存放 2 周后进行滚轧，实际滚轧的过程只有 1 分钟。由于滚轧机的特

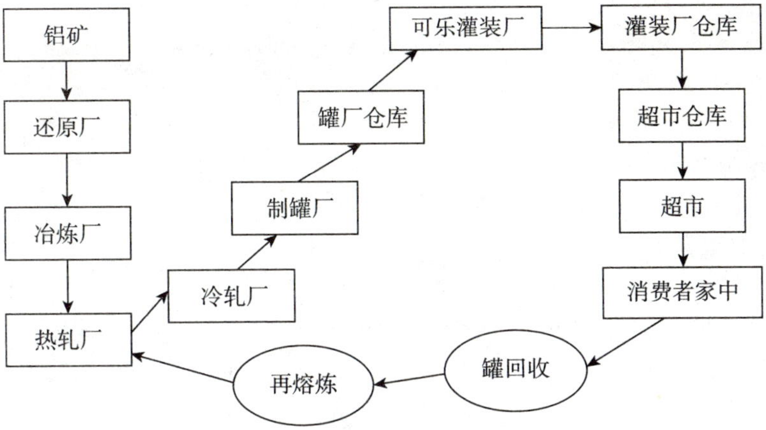

图 1—1　可乐罐的流动

性，管理人员一般选择积累某种规格的产品到一定数量时，再一次把它们生产出来。

可乐罐所需的铝板轧好后送到库存，这个存放时间大约为 4 周。然后，在需要时运送到冷轧厂，再存放 2 周时间等待加工。冷轧出的薄板切成窄条，再存放大约 1 个月时间。然后运到制罐厂。在经历 2 周左右的等待时间后，铝卷被放上操作台，冲裁成圆形盘，再进一步冲压形成没有顶的罐子。这些罐子经由传送带经过清洗、烘干、喷漆、喷彩色图案、加印文字等，再经过上光、收口、压凸缘（为了后期加盖罐顶）、喷漆等，最后送去检验。这个从铝板变成罐的过程只有 10 秒钟。

经过检验的罐子被传到货盘上，送至仓库待用。这个时间大约为 4 周。然后，被送至灌装厂等待灌装可乐，加盖罐顶，分别装进规格不同的提盒。生产出的可乐需要存放 5 周时间才被送至超市的仓库，然后等待 2～3 天被放到货架上，用 2 天左右卖出。

可乐在消费者家中可能要存放几天，然后被喝掉。而喝可乐的过程可能只需要 5 分钟。终于，在经历大约一年之后，可乐罐被回收，重新进行炼化、再生产。

整个过程中，铝罐的流动如表 1—2 所示。

表 1—2　铝罐的流动

	进货储存	加工时间	完工储存
矿石	0	20 分钟	2 周
还原厂	2 周	30 分钟	2 周
冶炼厂	3 月	2 小时	2 周

续前表

	进货储存	加工时间	完工储存
热轧厂	2 周	1 分钟	4 周
冷轧厂	2 周	<1 分钟	4 周
制罐厂	2 周	1 分钟	4 周
灌装厂	4 天	1 分钟	5 周
超市仓库	0	0	3 天
超市货架	0	0	2 天
消费者家中	3 天左右	5 分钟	—
合计	5 个月	3 小时	6 个月

从整个过程看，真正有价值的时间不过 3 个小时，而等待的时间却要花费 11 个月，占总时间的 99%还多。原因就是过多的生产和批量处理思维。

精益知识 “一个流”生产

习惯与传统的影响延伸广泛。在生产车间，我们经常看到批量处理零件的工人；在日常生活中，我们也习惯一次性处理一批相同的物品。我们想当然地认为批量处理比一个一个地处理要有效率，但是事实常常并非如此。

大野耐一在一次工厂视察中发现，一位质检女工在工作时，习惯将很多零件拿到桌面上，排放在一起然后集体进行检查。大野耐一三番两次地对她说：“你为什么不直接一个个地检查，然后再一个个地放入箱子里面呢？这样做难道不是更加轻松，效率更高么？”

女工每次总是说：“不是，我这种方式效率才更高。”这个时候大野耐一又说：“你这种方式虽然也可以，但是你可以尝试按照我的方法去做一次。”

女工认为大野耐一的提议很无聊，但是碍于大野耐一是她的上级，只好照着他的方法去做了。经过一天的尝试，每日完成 5 000 个零件需要加班的现状被打破了。她轻轻松松地在下班之前就完成了任务。

为什么我们习惯采取批量处理方式呢？大野耐一认为，批量处理的习惯源于农耕社会时期贮存食物的传统。当时，天时不定，食物的来源也没有保障，人们因此储备食物以备不时之需。渐渐地，人们的头脑中产生了批量生产和储存的意识，并且认为这样才是有效的做法。这种意识影响了人们的生产行为，尤其是福特的流水线生产方式带来了巨大的利益后，批量处理的习惯更加不可动摇，也因为如此，大量的库存成为一种常态。

随着生产方式和市场环境的变化，批量处理方式和库存意识产生了新的问题。

批量生产或者说大规模生产造成了流程的间断，步骤与步骤之间形成的在制品存货，或者说库存，除了造成存储空间和成本的增加，还导致了不必要的搬运和等待。正如大野耐一和质检工的例子，操作者必须不断重复“放下——拿起”的动作，虽然工人感到非常忙碌，效率却很低。

离开生产线，批量处理的习惯也导致了部门之间信息和工作传递的低效率。可乐罐的案例充分说明了这个问题。

在一般的企业中，我们习惯将具备相同功能的员工和设备组织到一起，形成一个部门。当然，产品的生产仅靠一个部门是无法完成的，必须经过多个部门的共同配合。但是，产品在经由一个部门向另一个部门流动时，也将产生延迟。

由于不同部门的绩效评价是独立的，因此，每个部门只会按照最有利于自己绩效的方式安排工作。比如，对于一位运送物料的员工来说，最有效的运送方式可能就是一次运送大量的物料，一天或者一周只运送少数几次。但是，这个频率可能完全不符合物料需求部门的使用频率，因此，他们也必须进行等待，并同样以批量的方式送到下一个部门。

如果将生产一个可乐罐的全部流程集中到一起，变批量处理为单个处理，就可以消除流程之间的大量等待浪费，实现流程的流动性，从而提高效率。这就是“一个流”思想的基本思路。

辅助阅读

从批量生产到“一个流”生产

批量生产方式是一种深入人心的生产组织方式。那么，传统的大规模生产思维有什么样的优点呢？在大规模生产方式下，企业会设置诸如机械工程、会计、采购、制造等部门，工厂里也会划分焊接、组装等等不同的车间。这种生产方式把具备相似技能或作用的机器和人集中到一起，实现了下面的优势：

（1）规模经济。现代制造企业所使用的各种大型设备，往往具备较高的产能，造价也相对昂贵。面对高昂的投入，企业降低成本的选择就是达到规模经济。因此，企业会尽可能使产出达到最大，实现设备和人力的充分利用，降低产品的平均成本。

（2）工作时间的弹性。大规模生产方式下的设备和人力的组织方式，使得工作时间比较有弹性。因为当工作安排下来时，管理者可以通过调整，匹配部门内部的设备和工作人员。而如果采用“一个流”生产，在“一个流”小组中的人员和设备将无法被自由调动，以回应突然安排的工作。

在批量生产或者说大规模生产方式下，生产过程被划分为一个个的步骤，然后由不同的部门负责其中一个或几个步骤。而由于不同步骤所需耗费的时间存在很大差异，就容易造成各种在制品的存货。如果采用“一个流”的生产方式，就可以消除步骤与步骤之间的等待，尽可能快地生产出客户所需的产品。

具体来讲，“一个流”有下面几个优点。

（1）生产力利用更高效。传统的部门化的运营生产方式往往通过设备和人员的使用率来评价效率，实际上，当大规模生产方式生产出大量过剩的产品时，人员和设备其实是被浪费掉的。而当大量存货造成库存成本和产品瑕疵时，这部分成本同样在抵消设备和人员的使用效率。相反，在“一个流”中，我们直接用价值创造来衡量效率，人员和设备极少出现不产生价值的工作。

（2）减少空间浪费和成本。大规模生产方式形成的大量存货会占据更多空间，导致空间浪费和高昂的存货成本，而“一个流”的各个环节紧密衔接，最大程度地降低了存货数量，使空间利用效率更高、库存成本大大削减。

（3）安全性更高。跨部门或车间的合作，以及大量存货的存在必然产生大量的搬运工作，从而增加工伤风险。当采用“一个流”时，存货减少、在制品减少，搬运就会大大减少，从而减少工伤，提高生产的安全性。

（4）品质保障。大规模生产导致存货积压，因此容易掩盖问题甚至诱发问题，“一个流”减少了存货，因此削减了这方面的风险。另外，“一个流”致力于工序的紧密衔接，一个环节出现问题就会迫使整个作业流的中断，因此，作业人员必须更加关注产品的品质，不让问题进入下一个环节，并在发现问题时，积极寻求解决的方法。

由此可以看到，不仅多样化、少数量的现代消费需求要求企业建设快速反应、小批量的生产方式，单从消除浪费、创造价值的维度，“一个流”生产方式也是大势所趋。

案例引入　订单拉动生产

西子奥的斯电梯公司是中国电梯、扶梯生产基地之一。西子奥的斯公司实施“拉动式”生产，这种生产模式以“订单拉动”为主体。该公司管理者曾经说过：“如果没有订单，我们宁愿不进行生产。”在该公司里，生产命令由市场订单发出，但是如何在最短的时间内完成订单所下发的任务呢？这就需要对整条供应链进行系统化的管理。

如果采用推动式生产方式，该公司的采购人员必须在当月月末将下一个月生产所需的原材料和配套产品采购完毕，整个计划周期是 30 天。但是，当生产管理方式转变成“拉动式”后，西子奥的斯从生产到出货的全部时间便被缩短至 2 个小时。

比如，如果按照合同规定，下游客户在某日中午 10 时前去提货，那么西子奥的斯就在当日上午 8 时开始进行生产。生产前，由统计部门根据客户订单，计算出生产所需的所有原材料和配套产品的数量；然后将统计单发送至上游企业，要求其在生产开始之前将所需材料和配套产品送至生产场所。一旦原料被运达，即刻开始生产。而生产完成后的成品，则立即被下游客户提走。

在西子奥的斯的生产厂区基本看不到库存原料和成品大量积压的情况，而只有极少量因为订单变化而产生的库存。

精益理念　向超市学习

批量处理形成的是一种推动式的运作。由于生产效率的提高，市场呈现的是供大于求的基本状态。批量作业方式并没有从客户的角度出发，而是根据企业的生产能力和资源配置等因素制造产品，并形成库存，然后推向下游客户。但是，客户是否需要，是否有能力消化大批量的产品却没有被重视，因此，企业生产过剩，并不得不支付巨大的成本代价。

大野耐一在观察风靡美国的超级市场时发现，超市会储存一定量的存货，当货架上的产品被消费者买走时，超市会从仓库提取该产品补充到货架上，也会在必要时候向供应商发出取货的订单；假如货架上的产品没有被买走，自然不需要补货，也不需要从供应商处订货。

受到这种模式的启发，大野耐一设计了一种拉动式生产流程，即每拉动一下后一道工序，这条生产线就紧一紧，从而带动上一道工序的运转，消除了库存。拉动式生产是“从后工序到前工序取件”的作业模式，经常通过看板制度辅助实施。

下面，我们来看一个丰田组装厂的看板制度。

当组装厂从汽车经销商那里获得顾客订单后，管理部门会拟定一份均衡的生产日程表。当车体焊接部门使用了一定数量的钢板后，就会向钢板压制部门传送一份看板，通知他们再造一批钢板，送到货栈。

同样，当组装线的作业工人开始从零部件箱取用零部件时，他们会在邮箱中放置一张看板。一位材料处理员会定时查看邮箱，取出其中的看板，回到货栈取出相应的零部件，补充到组装线的零部件箱中。另一位材料处理员遵循同样的步骤，向零部件供应商那里取货，补充零部件货栈。

拉式生产思维，即根据客户的实际需求生产适量的产品，颠覆了以往的推式生产传统，避免了过剩的生产，消除了浪费。拉式生产思维也充分迎合了为客户创造价值的基本理念，实现了有效的生产。

应用案例

丰田的客户拉动战略

丰田喜一郎曾确定了丰田汽车经营管理的两个主导战略：一是，以客户需求作为推动力，以最有效率的运营方式生产丰田轿车。以这个战略理念为基础发展出来的，就是震撼世界汽车工业的精益生产方式。二是，瞄准客户需求，制造使用率最高的轿车产品。这就是举世闻名的精品小车战略。按照这一战略研发制造出来的轿车，在能源、材料和用途上的使用效率都超越了当时的欧美轿车。丰田恰恰凭借精益生产方式和精品小车，创造了丰田奇迹。

从两大策略中，我们也可以看出：丰田引以为傲的精益生产方式管理，实际上是一种以客户需求为拉动的管理模式。它以消灭浪费和快速反应为核心，使企业以最少的投入获取最佳的运作效益，并提高对市场的反应速度。

通过“客户需求拉动”模式，丰田使企业实现了流程与客户需求之间的同步。也就是说，在开始生产前，了解客户的真实需求，精确地生产出其所需要的产品数量，以此获得生产的平衡和高效。

第2章 价值流精益化

从原材料采购开始到产品销售再到顾客手中为止，是企业进行价值创造的过程。在这个过程中，企业的各项生产经营活动互相关联，围绕满足顾客需求这一目的形成了一个动态的价值创造过程，或者更形象地称为“价值流”。在第1章我们已经讲到，精益管理实际上就是要实现企业价值流的精益化。

价值流是对价值创造活动的抽象化，竞争战略专家迈克尔·波特将企业的价值创造过程称为“价值链”。价值链大致可分为两大层面，一是上下游关联企业之间（即“企业外部”）的行业价值链，二是企业内部各业务单元之间的企业价值链。价值流的精益化过程就落实到这两大层面价值链活动的优化和整合上。

为了便于分析，我们将企业内部的价值链分为车间层和部门层，加上企业外部的供应链层，形成完整的价值链。

第 1 节　车间流程精益化

车间作为生产制造产品最核心的地方，其价值链活动的精益化非常必要。可以说，车间层价值活动是整个精益化管理的基础层面，而核心又集中在生产流程的精益化上。

案例引入　生产线的改造

A 企业是一家女鞋制造企业，2009 年，该企业获得的净利润在同档鞋业里位列前茅。而分析其成功的原因时，人们将视线落到了该企业改进的一条精益生产示范线上。

该企业经理说："我们的目标是要将车间打造成花园式的工作环境。"正如他所说，该厂的物料从仓库领进车间后，便会被整齐地摆上货架，其他人员一看即知是什么物件，然后由班长逐组发放。只要实物无误，即可对号入座，作业效率大大提高。

大多数制鞋企业由多个车间分为裁断、针车、成型三个不连贯的孤岛型工序段，每个工序加工好的部件放于箱内，由专人搬运到中转仓，再由中转仓清点数量、做好配套再分到下一道工序生产，这样从原材料到成品下线至少需要 7 天，浪费了很多时间、人力和物力。

而该厂实施精益管理后，将三个主要的大工序连成"单件流"，形成一条流畅的生产线。这项改进虽然看起来并不明显，但却涉及整个生产流程的协作关系变革。当该厂 600 台生产机台全部实施改造后，生产效率比原来至少提高了 30%，一些效率高的班组甚至提高了 50%～60%。

实行精益生产，不但降低了该厂的生产成本，促进了生产能力的升级，同时也提高了产品品质。过去的流水线是批量生产，每位工人需要负责多道工序，一旦其中一双鞋存在问题，整个批次都可能出现同样的问题。而实行精益生产以后，每位工人只需要负责一至两道工序，鞋子也是一双一双生产，这样就更容易及时发现问题，及时整改，既避免了浪费材料、增加成本，又提高了成品效率。

精益理念　梳理现有流程

即便是在同一条价值链上，也并非所有环节都可以直接产生价值。因为除了产生价值的价值点外，还有部分环节的作用是确保价值链的顺畅运行。

现在，某些企业对价值流的认识不够清晰，导致精益化在一开始就陷入了阻碍。这些问题集中在以下几个方面：对自身价值链缺乏应有的理解和重视，增值环节识别不清；价值链中的战略节点不明晰，核心竞争力不突出；价值链较短且利用不充分，利润的来源途径单一，主要依赖产品销售的收入；集团内部资源的配置不合理，价值链条运转不顺畅，存在极大的经营风险等。这些因素都影响制造类企业的市场竞争力和长远发展。

如果企业中确实存在上述问题之一，那么企业必须重新审视自己的价值链，理顺价值链。无论如何管理价值链，企业的任务实际只是一件事，就是：保证价值链运转顺畅，为企业实现增值目标。

从业务链条上看，上下环节业务之间一脉相承，而上下环节业务之间的相互支持自然也是情理之中的事。但是，企业的流程并非如所想的那样紧密连接。事实上，大多数企业的生产环节之间是存在断层的，而这是大规模生产方式的直接结果。

由于制造速度的加快，环节与环节之间往往形成大量的在制品，从而造成价值流动的间断。这对管理者的要求是，注重车间内部流程间的衔接以及不同车间之间的协调配合，以价值流这一共同的中心目标，展开合作。

车间管理集中在三个方面：生产组织、生产计划和生产控制。要实现生产流程的精益化，实现价值流的顺畅，管理者可以从这三个角度入手。

生产组织主要是指生产线的布局。

生产线布局是精益实践的主要内容之一，生产线布局的精益程度对于提高生产效率、产品质量、资源利用率，从而降低运行成本提高精益效益至关重要。在生产线的布局上，企业应该审视各环节之间的相互衔接，确保价值流动的顺畅。

应用案例

某电瓶叉车厂的布局改善

某电瓶叉车厂为了使企业整体布局更加完善，全线运作效率更快捷，决定采用动线型 SLP 法进行空间布局。

首先，该厂进行了初步的空间分配。其空间主要由原材料半成品库、机加工车间、热处理车间、动力设施部门、成品库、办公楼等组成。为了达到对空间最大限度的利用，该厂根据以往的生产经验，对当前生产过程所需的面积大小进行预测。

完成企业空间分配后，便开始了作业单位规划。这主要经历了以下步骤：输入基础数据、确定设施布置类型、作业单位相互关系分析、绘制作业单位物流与非物流综合关系表。然后，结合上述分析结果，着手进行设施布置图的绘制工作。

设施布置图的绘制不是一蹴而就的，要先绘制出位置相关图和面积相关图，最后才得到设施布置图。设施布置图总共设计了三个候选方案，以供决策者选择。

在评选最佳布置方案时，该厂从经济和非经济两个方面展开。对非经济因素的评价，采用了优缺点比较法和加权因素法等；对经济性因素的评价，则采用了工程经济评价法等。

每个布置方案都有一些不能用费用精确衡量的非经济因素，如发展性、柔性、物流效率、存储效率、空间利用率、安全性、环境保护等。其中，物流效率是评价分析的一大重点。在分析时，要将空间的布置设计和物料搬运系统相协调。因为，设施布置设计只有通过完善的搬运系统，才能显示出其合理性。

而对经济型因素的评价，主要是运用工程经济学的理论知识进行分析，评价费用节省、投资额及投资回报期等，并将这些因素作为比较选择的标准。

在评价布置方案时，评选人员通过赋予这些因素不同的权重，对备选方案进行了打分；然后采取综合对比法，从上述方案中选出较适用的布置方案，再通过动线分析法加以验证，从而确定最终布置方案。

生产计划是确保生产顺利进行的基础，是对一切生产活动的预先计划和安排。生产计划管理是企业精益管理的重要内容。生产计划的精益化就是要制定灵活机动的、能够快速满足顾客需求的生产安排方案。生产计划制定要特别注意不同订单的平衡，因此，在生产时间安排、资源统筹上要特别注意协调配合。

应用案例

丰田汽车公司的生产计划

生产计划并不是完全独立存在的，也不可能一步实现；所有生产计划都需要按照阶段来完成。丰田汽车公司的生产计划，通常是按照年度、月度、旬为周期来设计的，而各生产计划之间也是自动扣合的——旬生产计划完成后达成月度生产计划，月度生产计划完成后达成年度生产计划。其具体设计过程如下。

(1) 在确定月度计划时，丰田汽车公司会在落实生产前3个月即作内部通知，并在生产前1个月确定生产计划。随后，按照大分类规格确定混流的产品，实行平准化生产；调配零部件，向零部件厂发出供货的内部通知，零部件实际订货量和计划量的误差在10%以内。

(2) 在确定旬生产计划时，丰田汽车公司的生产计划部要提前7天，将各车型的最终规格名单准确告知生产部门。

(3) 在生产前两天时，丰田汽车公司的生产计划部会将车辆组装（焊接→焊接）的顺序计划通知生产部门。

生产控制是为了保证生产效率和效果的重要内容。生产控制的精益化要求是要实现产品生产环节每一道工序的均衡化，保证按照生产计划开展生产。主要内容包括产品质量控制、生产进度控制以及库存控制等。

应用案例

丰田汽车公司的准时化控制

日本丰田汽车公司不仅创造性地提出了JIT（准时生产）管理思想，而且还摸索出了一套独特的、富有成效的管理工具——看板。日本丰田公司所使用的看板主要分为在制品看板（包括工序内看板、信号看板）、领取看板（包括工序间看板、对外订货看板）、临时看板三大类型。

在JIT生产方式中，丰田汽车公司的计划部门会集中制订月度生产计划，同时将月度生产计划传达至各工厂以及协作企业。与此相应的日生产指令，只下达到最后一道工序或总装配线；对其他工序的生产指令，则通过看板来实现。也就是说，后一工序“在需要的时候”，用看板向前一工序发出生产指令，领取“所需的量”。

在看板的使用过程中，丰田汽车公司还专门总结了三大应用原则，即：后工序领取、适量运送、根据看板进行现场管理。在这三大原则的指导下，丰田汽车公司对产量作出了有效调节，带来生产率的大幅提高；同时，也能够使生产过程中存在的问题及早暴露出来，使公司能够尽快采取相应的改善对策。

在精益管理方式下，企业的车间应该是一个高效率、低浪费的地方。通过合理规划生产流程布局，合理进行生产计划制定与过程控制，企业可以实现车间价值流的顺畅，从而达到精益的目的。

案例引入 拉动式的车间生产流程

丰田公司不仅自己推行拉动式生产，还致力于向其供应商和合作伙伴推行这一方式。其在北美的保险杠供应商弗莱克斯-N-盖特公司就是其中一个例子。

1970 年，沙希德·卡恩进入弗莱克斯-N-盖特公司下属的保险杠公司工作时，他见识到的是大规模生产的车间。在那时候，批量生产是一件非常正常的事情，大批量地采购原材料也是理所当然。因此，保险杠公司有专门的仓库，用以存放钢板原料，并且会储存保险杠的半成品，以便批量运送至镀铬厂统一镀铬……一切都是典型的批量处理模式。1989 年，保险杠公司成为丰田在北美的独家保险杠供应商，其批量生产方式与丰田的拉动式生产发生了冲突。于是，丰田派人到卡恩那里，指导他们进行拉动式的精益生产改善。

丰田的工作人员知道，让现有的工厂转变为完全的“一个流”是不现实的，只能一步步来。于是，他们先致力于将原本冗长的 2 个小时的换模具的时间压缩到十几分钟。

保险杠的生产流程是，放板材，下料机将板材切割好，然后送到冲压机床处加工成形，接下来成形件镀铬，再回到焊接车间焊接，最后出货。

工作人员把工厂现有的设备重新组织，将整个处理流程衔接起来，并规定，只有被下一步拉动时，整个流程才运转起来。也就是说，下料机只有从冲压机处得到信号才干活，冲压机只在接到焊接车间的指令后才生产。

由于当时大部分客户仍是大批量订货，保险杠公司仍然采用日进度表方式生产，不过实现了订单的均衡化（关于均衡化的问题将在下一节讲述）。比如需要 A 10 000 个，B 8 000 个，则安排每日各生产 500 个和 400 个。日进度表交到焊接车间，焊接车间生产 A 所需的各部分零件用完后，焊工会把空零件箱和有关的看板、信号卡等放到短滑轨上，滑回冲压机床，这相当于给冲压机床发送了工作的信号。同样，冲压工耗用完生产 A 的材料后，会向下料机发送信号，索要材料。

由于换模时间的压缩以及生产线的整合，保险杠厂拥有了快速对客户需求做出反应的能力，从钢板入库到保险杠送到客户手中所需的时间由 4 周变为 2 天，质量也得到大幅提升。到 1995 年，该公司已经连续 5 年没有向丰田发送过一个不合格的产品。所有这些，都是流动思想和拉动式生产思想结合的产物。

精益理念 寻找精益改善点

车间作业的基本流程是：订单接收后，根据订单要求安排生产计划，规划不同种类产品的生产次序和数量，确保准时供应。事实上，精益的车间流程应该充分运用拉动式思想，实现拉动式生产。保险杠厂的这个例子就是很好地实践拉动式生产的案例。从中可以看出，实现流畅的拉动式生产流程并不是一蹴而就的，需要多方面的优化并进行协调配合。

在梳理了企业的车间价值流之后，下一步就是要找出精益改善的落脚点。至于具体措施的落实，我们可以从以下方面入手。

检查流程

实现精益化，首先要从理顺流程开始，“顺藤摸瓜”地分析现有生产、工作的全过程，确定工艺流程不合理之处，查看哪些地方出现了停顿或倒流，哪些环节可以被取消、合并、简化？判断流程中每个环节是否处于受控状态？各类检验是否能够发挥把关作用？各环节之间的联系是否到位、通畅？是否需要予以调整？

辅助阅读

ECRS分析法——改善现有工作方法和流程

ECRS分析法是一种基于工作方法和流程改善的分析法，是对现有工作方法和流程进行取消、合并、重排以及简化，以实现改善目的。一条运作快速而高效的流程必然是一条精简的流程。流程参与者必须学会使用ECRS法则，对流程加以精简。所谓“ECRS分析法”，即取消（eliminate）、合并（combine）、重新排序（rearrange）、简化（simplify）。

1. 取消（eliminate）

首先应该考虑该工作有没有取消的可能，如果取消该工作并不能对我们的工作结果造成影响就取消，以免造成时间和效率上的浪费。若一个人可以完成的工就用一个人去做。如何判断什么样的工作可以取消，什么样的工作不可以取消呢？我们需要回答以下几个问题。

（1）该工作能够完成什么？

（2）该工作能够实现什么目的？

（3）该目的是否有价值？

（4）是否是必须要做的工作？

（5）如果取消该工作是否会对其他工作造成影响？

在我们的工作中，为了监控流程就要设置控制节点，而过多的控制点增加了工作内容的烦琐程度，使人们的精力过多地纠缠于流程建设上，忽略了工作本身。这种舍本逐末的行为，让执行工作变得更加困难。如果将一切不必要的、不合理的、多余的事务取消，会使工作流程更加简洁、工作方法更加简单、组织结构更加精干。

在取消冗余环节之前要注意的是，对于有良好内部控制环境的，可以考虑“取消”某些程序，不会影响控制目标的实现；反之则要对“冗余”环节进行改良。

2. 合并（combine）

合并是指将两个或两个以上的事务或环节合为一个。合并的作用在于化零为整、叠加优势。如果工作环节不能取消，我们就需要转换思路，适当合并一些环节。

（1）工序、工具的合并。

很多情况下，各个环节之间的生产能力不平衡，忙闲不均，这时就需要将这些环节加以调整和合并，去劣存优。

（2）合并上下环节。

将一项任务的多个环节分别交给几位执行者，可以加快作业和信息流的速度。但从上一个环节到下一个环节的交接过程，也可能发生一次错误。如何避免呢？就像 IBM 信贷公司的例子一样，我们可以指定一位员工负责一个产品或服务的全过程（从下订单到发货或服务开始至结束），这位员工是客户（内部或外部）与企业的单一接触点。

（3）合并相似的环节。

将任务相同或相似的环节并轨，由一位执行人员完成，能最大限度地减少人力和时间的浪费。不过这位员工必须技能熟练，并具备跨领域的操作知识与技能。

3. 重新排序（rearrange）

工作流程反映了工作内容的复杂程度，流程中的环节可能只有几个，也可能数以百计。如果各环节排序不当，将给工作带来极大的影响，常见的就是导致工作进度延迟。

重新排序是将所有作业环节按照合理的逻辑重排顺序，或改变其他要素顺序后，使各环节重新组合，继而提高工作效率的方法。我们该如何重新排序呢？

（1）衡量各要素的合理度。

我们可以通过“何人、何处、何时”3 个问题，来确认流程中各个环节的安排是否合理。一经发现不合理之处，立即推倒重来，以使各个环节保持最佳的顺序。

何人：该环节由谁操作？操作技能是否娴熟？是否存在岗位与员工能力不匹配的现象？如果让熟悉第一环节工作的员工从第二环节调回，可以节省多少时间？

何处：各环节的操作场所之间距离如何？是否便于工作交接？调整设备仪器的摆放位置后，操作者使用起来是否更方便、时间更短？

何时：时间安排是否过于紧凑，使员工紧张、疲劳？或过于宽松，不能在交期前完成任务？

（2）理清逻辑顺序。

工作中各环节排序不合逻辑，将造成工作秩序的极大混乱。我们可以从以下两个方面判断环节安排是否符合逻辑、是否清晰。

是否等待：一个环节完成后，员工是否需要等其他环节结束后，才能进入下一个环节？

是否混乱：员工执行一个环节时，是否需要下一个环节完成结果的辅助？

一旦出现等待或混乱的状态，必须进行调整，方法有以下两个。

减少等待：了解各环节完成的时间，提前处理被等待的环节，保证各环节不必被等待。

避免混乱：了解各环节之间的联系，分清哪个环节应在前、哪个环节应在后，确保前一个环节结束后，后一个环节才能开始。

4. 简化（simplify）

最后一步是检查该工作的内容和步骤是否有简化的可能，化复杂为简单，用最便捷的方法达到目的。例如改变工作方式等。

对于一些复杂的环节，可以借助一些现代化的管理手段和理念进行简化，如信息技术、以顾客为导向决策等。

以数据采集、数据传送为例，华为采用机器代替部分人力进行数据采集工作，降低了人为差错率；而自动化的数据传送，避免了对已经存在于一个系统里的数据的重复录入。这些做法都极大地节省了工作时间。

实际上，只要是复杂的流程，都可以用精简的方法进行改善。借助ECRS分析方法，可以优化工作流程中的每个环节，使流程由复杂变为简单。

下面我们以某超市的顾客接待流程为例，来说明ECRS的具体使用方法。超市结账流程如图2—1所示。

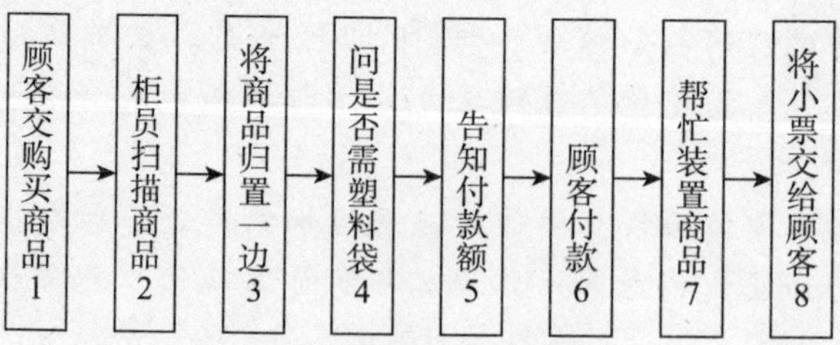

图2—1　超市结账流程图

下面，我们运用 ECRS 进行分析，可以发现以下几个可改善之处。

（1）合并第 1、3、7 三个步骤，由顾客自己装袋，装袋和条码扫描就可以同时进行，并且提醒顾客准备付款，减少等待缓冲时间。

（2）而后重排第 2、4 步骤，先准备购物袋，就可以一边扫描一边装袋了。

（3）简化告知付款额，使用电子显示牌，这样也可以减少等待时间。

通过 ECRS 分析，对各个环节作出改进后，可以得到一条新的收银流程，如图 2—2 所示。

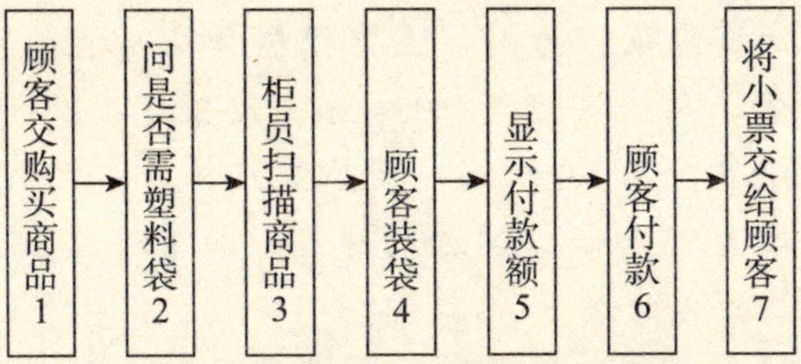

图 2—2　改进后的流程图

这样一来，工作步骤便由原来的 8 个减少为 7 个，并减少了一处移动时间和两处等待时间，大大缩短了整项工作的操作时间。

协调生产布局

有些企业在建立之初并未精心地布置工作场地和设备，或在添置设备时打乱布局，或因产品结构的变化而造成不合理的设备布置，导致产品运输路线过长。这些隐患每时每刻都在制造浪费，所以必须对其加以改变。

我们可以通过分析作业方式和设备、设施的配置，按生产流程的流动方向，是否存在重复路线和倒流情况，找出不合理之处，然后重新设计一种新布局，从而缩短工艺路线和操作者的行走距离，减少不必要的资源浪费。

缩减动作要素

动作是产生效益的一个非常重要的因素。动作分析的目的就是消除多余的动作、无效动作或缓慢动作，如弯腰作业、站在凳子上作业、蹲着作业、作业场所不畅、没有适合的设备仪器、人与物处于寻找状态等，借助最省力的方法来获得最大的工作效率。这种方法几乎不需花费一分钱，却可以大大提高生产效率。

很多生产车间为了调整生产节拍，需要一位员工同时操作两台或多台设备，这样一来，如果员工仍然坐着工作，就很难完成任务；此时，就应该采用站立走动的作业方式，提高工作效率。这就是通过缩减动作要素来实现精益的一种方法。

辅助阅读

工作台优化

为了确保工作台更有利于提高人们的工作效率，某工厂基于人因学实验得出的相关数据而对工人们的工作台作出了优化设计。这些工作台类型包括坐姿作业工作台、立姿作业工作台以及坐立姿交替作业的工作台。

（1）坐姿作业工作台设计。

坐姿工作台的设计主要涉及工作台的高度、宽度、容膝空间和作业范围等方面。以工作面的宽度设计为例，主要根据作业功能的要求进行设计。如果仅仅需要肘的倚靠，最小宽度为100mm，最佳宽度为200mm；兼具写字台使用的工作面最小宽度为305mm，最佳宽度为405mm；当作办公桌使用的工作面，最佳宽度为910mm。桌面的厚度一般不超过50mm。

（2）立姿作业工作台的设计。

立姿工作台面的高度不仅与人体的身高有关，还与工作的性质有关。为了满足大多数工作人员的需求，该厂将工作台设计为可调式工作台，并通过增加脚垫来调整作业人员与工作台面之间的距离。

（3）坐立姿交替作业工作台设计。

坐立姿交替作业工作台的台面高度与立姿作业工作台的高度要求是一样的。座椅的设计要根据要求，设计成高度、扭转方向可调的座椅，以方便进行高度调整和前后左右移动。

通过对各种作业形式作出工作台设计后，该厂工人对工作疲劳的抱怨越来越少了，工作效率也大大提高。

压缩搬运时空

据有关数据统计，产品加工费用中有25%～40%是搬运费；所有操作工序的时间中，有70%～80%是搬运和停顿的时间；工厂的损失中有85%是在搬运过程中产生的。由此可见，对搬运时空加以压缩将是多大的节约。对搬运工作进行优化，可以从搬运数量、搬运空间、搬运时间和搬运方法上加以改善。

（1）搬运数量：减少搬运的数量和搬运的次数。

（2）搬运空间：尽可能缩短搬运距离、减少搬运路线和次数。

（3）搬运时间：缩短时间、减少次数。

（4）搬运方法：注意管理协调，尽量采用非动力如利用重力在斜坡滑行或在输送带上搬运。

提升人机效率

人和设备之间似乎永远是一对矛盾体，一旦处理不当，那么不是人在等机器，就是机器在等人。所以，管理者有必要分析作业者和机器在同一时间内的工作情况，是否存在窝工、等待、无效时间，然后通过调整工作顺序来改进人机配合度，寻求合理的方法使人机相协调，将等待时间减少到最大限度，充分发挥人和机器的合作效率。

缩短关键路线

工作量小的工序会产生多空闲时间，而工作量大的工序则可能没有一刻休息时间，这便形成了一个瓶颈，制约着企业或车间的产能和交货期。

当找出关键路线后，管理者应从非关键路线上抽调人、财、物，加强关键路线建设，或对相关作业加以分解，采用平行作业、交叉作业等形式，增加人力和设备的投入，使关键路线得以缩短，达到缩短日程、节省费用的最佳目标。

改善车间环境

车间的生产环境精益化是精益生产的重要方面。当前环境是否满足工作需要和员工生理需要，是否能为员工提供舒适、安全的工作条件，都是管理者需要关注的问题。管理者要分析现有环境存在的问题，然后针对不同类别的问题，分别提出改进建议，积极开展 7S 管理活动，保证现场环境通畅、整洁、美化、安全、文明，使场所环境得到整体优化。

很多人误以为精益化管理仅仅局限于生产线上，其实，精益化涉及企业管理的方方面面，从生产车间到职能部门，从企业内部到企业外部。要想实现精益化，企业必须从多方面入手，开展全方位设计和管理。

第 2 节　精益化的管理系统

精益化不局限在生产车间，在企业的职能管理部门之间，同样需要进行精益化，以实现全方位的紧密合作，共同应对顾客需求的变化。

案例引入　**IBM 中断的流程**

IBM 公司曾经设立一个信用公司，其目的在于贷款给顾客，让暂时还没有购买能力的顾客也能购买 IBM 的产品，包括计算机硬件、软件、服务等。这项业务利润非常丰厚，但是起初的效果并不好，而问题主要出在工作流程上。

其最初的贷款流程是这样的：一名销售代表有业务到来时，需要先打电话给公司总部的经办员；经办员记录下电话之后，需要填写一份书面申请单，并把申请单递交给信用部；信用部接到书面申请单之后，会派专人将申请信息录入计算机，之后再安排专人审查顾客的信用情况，并将结果用书面方式送到商务部；商务部接到顾客的信用信息之后，会派员工将信用数据再录入计算机，然后拟订贷款合同，递交给估价员；估价员接到贷款合同后，把信用及贷款数据录入电子表格内，并计算客户承担的利率，然后再把结果写在纸上，连同其他文件送到文书组；之后，文书组将所有资料汇总成一份报价函，并通过快递寄送给销售代表。

通常情况下，这个过程需要经过 7 天的时间，有时甚至超过 2 个星期。在这段时间内，销售代表和顾客都不知道流程传递到哪里，即使电话咨询也得不到任何信息。冗长的等待时间和对情况的不明了引起了客户的不满。

为了解决这种情况，IBM 信贷公司开始了调查研究。两位高管亲自受理了一份贷款申请，然后带着这份申请经过了上述各个部门，要求他们放下手头的工作，优先处理这份申请。结果，整个流程下来，只用了 90 分钟。

面对这样的结果，公司管理层意识到问题出在执行的过程中。于是，IBM 信贷公司取消了按照劳动分工设立的业务流程部门，重新设立了“交易员”岗位，使每笔业务从头到尾的全部工作都由一位“交易员”负责。这一改进使得公司处理交易申请的平均时间由 7 天缩短为 4 个小时，公司所处理的交易额增加了 100 倍。

IBM 的改革为什么能够实现如此巨大的效益提升？实际上，IBM 的管理者推行的正是精益化改进。“交易员”岗位的设立使得客户办理业务所需的全部流程集中到一起，避免了部门之间的断层，极大地节约了等待时间，提高了办事效率。

这也是部门层价值流精益化的方向。

精益理念　精益化的部门管理

在实际企业管理过程中，虽然一些企业管理者对精益化管理非常重视，但是这些企业的精益化实施效果并不理想。经调查发现，很多精益化推行步骤之间因任务、绩效等因素而被严重割裂开来，不同部门之间宁愿彼此耗力地争斗，也不愿与其他部门在任何时间就任何事务达成合作。也就是我们常说的“各自为战”。

这种现象并非企业管理中的新生现象。如果追究这种现象的根源，则颇具讽刺意味。因为各自为战的现象主要源于追求高效率。经济学鼻祖亚当·斯密指出：“将工作划分为几大块后由专门人员分工完成会做得更快。”这种管理方法被管理者们广为应用。所以，现在的大多数企业中，计划、预算、采购、操作、销售、客户反馈等都被划分到不同的部门。尽管部门化可以在一定程度上提高生产率，但也随之而产生了一系列复杂的问题。这些从 IBM 的案例中可见一斑。部门化严重降低了作业的效率。

另外，各自为战带来了各种资源浪费。比如某企业的客户信息管理流程，产品设计部、客户服务部、销售部都需要搜集有关的客户信息。但是，由于每个部门都是各自为战，使得搜集客户信息成为了一项重复工作。如果能将这个环节加以整合，那么便可以减少信息不对称带来的冲突，避免了很多重复工作造成的浪费。

部门价值流的精益化就是要解决这些问题，力求实现整体上的精益化，而不是各自为战，局限于本部门的精益化。

不幸的是，“各自为战”已是精益化管理中的一大通病。那么，这种现象为何难以消除呢？可以说，我们这个由复杂的环节构成的企业组织，就是滋生“各自为战现象”的理想温床。

但是，这并不意味着管理者会对这种局面束手无策。20 世纪 90 年代中期，通用电气总裁杰克·韦尔奇提出“无疆界”倡议，该倡议明确表明了一个信息：协同一致地鼓励整个企业内部的合作，即可收获预期的成效。而通用电气则要求企业内部管理人员采用统一的语言，并意识到本阶段精益与整体精益之间的关系，故而避免了部门或个体竞争的狭隘性。

需要注意的是，如果任何管理技术的选用只是浅尝辄止，那么很难改变集体默认的做事“规矩”。所以，企业管理者选定适宜的管理技术后，必须长期坚持下去，同时加大“整体最优”和“一体化”的宣传力度，这样才能促进部门间的互助协作。

案例引入　丰田：最早、最成功的跨职能管理

丰田公司是日本企业中最早推行跨职能管理的公司。当时，丰田提出两大要求：一是要求高层管理者说明质量目标，并将该目标部署给所有员工；二是建立管理系统，使不同部门无间配合。

由于质量和成本一直被丰田视为最为重要的管理目标，所以，丰田为质量保证和成本控制制订了完善的规则，并将二者作为跨职能管理的工具。

从策划到销售，丰田将跨职能活动的工作流程分为 8 个步骤：产品策划、产品设计、生产准备、采购、全面生产、检测、销售与服务、质量审计。

丰田在相关规则性文件中对于这八个步骤的实施、需要保证的科目，进行了详细说明，并为成本控制或质量控制指定具体的后续活动。

以质量保证为例，下面来解释如何使用这些规则。为了使所有人员达成共识，丰田在规则文件中为质量保证做了明确的定义：保证产品质量让顾客满意、可靠，并在经济成本上为顾客所接受。

接下来，丰田开发了一系列质量保证活动让每个职能部门执行。各部门跨职能质量保证活动清单如表 2—1 所示。

表 2—1　　各部门跨职能质量保证活动清单

步骤	负责人	主要的质量控制活动	影响程度
产品策划	总经理、销售部、工程师、产品规划部	建立并分配质量与成本目标	¤
		预防重大质量问题的反复发生	¤¤¤
产品设计	总经理、产品规划办公室、工程部	评价质量目标的适应性	¤¤¤
		测试产品性能的可靠性	¤¤
		产品设计的具体落实	¤¤
生产准备	生产工程经理、质量保证经理、质量检测经理、生产部经理	确定满足设计质量的过程	¤¤¤
		做好汽车试验准备	¤¤
		评估试验型号	¤¤
		研究首份《常规过程控制计划》	¤
		确保工序能力	¤
实施采购	采购经理、质量保证经理、质量检测经理	确认供应商满足数量和质量要求的能力	¤
		通过测试首批物料，检测供应商的制造质量	¤
		协助供应商加强质量保证系统	¤
展开全面生产	总经理、生产部经理、工厂总务	保持制造质量达到最优水平	¤¤
		在最优水平下确保过程控制水平	¤¤
		保持工序能力和生产能力	¤¤
车辆质量检测	质量保证经理、质量检测经理	通过测试首批产品，来检查制造质量	¤¤
		决定是否交付产品	¤¤¤
销售与服务	总经理、销售部、客服部	做好包装维护，预防运输过程中的质量下降	¤¤
		宣传如何正确使用和维护车辆	¤
		测试新车	¤
		质量信息分析与反馈	¤¤¤
注：¤¤¤ 至关重要，不可变更；¤¤ 影响重大，必要时可以变更；¤ 影响很小。			

表 2—1 中不但列出了各个阶段的负责人，还列出了负责的具体项目，全力避免给下游顾客带来不便。

此外，每个职能部门都设有几项跨职能的职责，而每项跨职能活动又会贯穿几个部门来共同推行。这是丰田在改善活动推行过程中高于一切的目标。而且，也恰恰是这种跨职能目标的建立，使丰田实现了跨职能部门、职员之间的合作，其生产质量和利润率也在全员参与和维护的过程中得到了保证。

精益理念　促进跨职能的协作

一家美国著名咨询公司曾就 CRM（客户关系管理系统）的改良采访了 50 家世界大型企业的领导者。最初得出一个结论：组织好，才能正确地改善 CRM。该公司在论述中指出：大部分 CRM 工程之所以改善失利，往往是因为企业各部门、人员之间缺乏合作意识。

比如某企业的客户信息管理流程，产品设计部、客户服务部、销售部都需要搜集有关的顾客信息。但是，由于每个部门都各自为战，使收集顾客信息成为一项重复工作。如果能将这个流程环节加以整合，那么便可以避免很多重复性工作；同时也减少了信息不对称带来的冲突。

因此，要成功推行改善活动，企业必须动员所有部门和人员参与，使多个部门及企业之间友好合作，共同开展精益活动。

根据精益管理思想的宗旨，要想实现跨职能的部门协作，关键是要建立以顾客价值为核心的作业导向。这是企业的最终目标，因此也应该成为企业各部门协作的纽带和指导思想。

丰田汽车销售公司神谷正太郎曾说过这样一段话："从汽车销售业务中获益者的优先顺序应该是顾客第一，经销商次之，最后才是制造商，这种态度才是赢得顾客与经销商的信赖，并最终为制造商带来成长的最佳方法。"

这段话贴切地反映了他毕生倡导并深深影响他人的"顾客至上"的理念。所谓"顾客至上"，是指一切企业活动都应以顾客为中心而开展。这种理念是推广部门协同时必须坚持的宗旨。

以日本汽车制造业者的促销活动为例，他们采取的传统方法是挨家挨户地拜访、面对面地销售。但是后来，为了让顾客获得更好的服务，汽车公司决定改变这种销售方式。由于他们拥有顾客的详细资料，这便使他们非常清楚何时登门销售最适宜。例如，当顾客即将到取得驾照的年龄时，汽车销售人员便会与之建立联系，提供顾客可能需要的丰田车款。这种服务帮助企业与顾客建立了稳定的联系。当顾客确实需要汽车维修服务时，他也多半会向销售员求助，而不是直接联系那些不甚了解的维修部门。这种情形非常契合丰田公司对顾客关系的期望。

后来，丰田公司又建立了专门的经销商系统，以教导员工如何从顾客的视角来发现问题，并据之提出有效的改善措施。事实证明，唯有坚持"顾客至上"的理念，始终以顾客为导向去发现问题，提出并实施改善措施，才能有效提升产品或服务价值。

丰田这种“顾客至上”的改善思想，帮助丰田争取了极大的市场份额。这也启示着人们：要想如丰田公司这样实现不断成长，就应该在“顾客至上”的理念指导下，对团队加以很好的利用，并营造出一种团队合作的新环境。

坚持顾客导向，会使得一切活动更具目的性和针对性。这一导向落实到具体操作层面上，就是要使各流程互相关联，各岗位互相衔接，各任务互相牵连，从而理顺各管理层级之间的工作接口和管理界面，明确公司各部门的工作顺序及支撑关系，实现各项管理活动的“无缝衔接”。

“顾客至上”中的“顾客”一词，不仅包括企业的外部顾客，还应该包括企业的内部顾客。要想达到协同的目的，必须实现部门与部门之间、工序与工序之间的互相支持与配合。这就要求企业中的所有员工都把自己下一个环节、下一道工序的人员作为“顾客”看待，以“顾客至上”的思维认真对待。

“下一道工序即顾客”，这句话的准确表述应该是：下一道工序是上一道工序的“顾客”，上一道工序必须为下一道工序提供合格的“产品或服务”。

在实现国际化战略的指导和要求下，海尔集团大力实施业务流程再改造，将企业的外部竞争环境转移到内部环境的提升上。为了促进部门间的协作配合，海尔集团采取的具体措施是，在企业内部各部门之间推行“SST”管理体系。

所谓 SST，是指在部门间实施“索酬索赔跳闸”管理。它要求每个部门和每位员工不再对其上级负责，而是对与其关联的内部市场顾客负责。

在这个体系中，所有员工的关系都是一种内部契约下的市场关系，每一名员工都是上道工序的市场，同时将下道工序作为自己的市场。这样，各部门和员工之间就形成了或接受服务或提供服务的关系，彼此的利益也紧紧地套在了一起。倘若我给你提供了优质的服务，我就可以向你索求相应的报酬；倘若我干得不好，下道工序就可以向我索赔。如果既不索取报酬也不索要赔偿，第三方就会出面干涉，即海尔所称的“跳闸”。

海尔的这套管理体系，不但有效地督促了各部门之间相互监督、相互鼓励，还很好地加强了各部门之间的相互协作和配合。这种管理体系是消除“部门墙”的有效方法，有效地确保了产品的品质。可以说，是一种从制度上迫使部门价值达成共识的方式。

从销售接单到生产完成并销售给顾客，如果每个部门只是把自己应做的事务只做了一半，或者做得模棱两可就传给了下一个部门，到最后只会是最后一个部门——制造部的压力最大，其结果也将不会是最理想的。

企业必须秉持顾客价值导向，促进部门与部门之间，流程与流程之间，甚至供应链企业之间的协同，实现整体的精益化。

第 3 节 供应链的精益化

企业与企业之间是共生的，企业不可能完全脱离供应商和销售商而自成体系。因此，精益化活动不会局限在企业内部，而应该延伸到企业的上下游，追求整个供应链的精益化。

案例引入 前程无忧的价值链整合

我们所熟悉的“前程无忧”，是国内少有的在媒介经营上成功的媒介企业之一。但是，“前程无忧”刊物刚刚创办之时，《北京青年报》、《广州日报》的招聘广告已经在业内极为火爆，而在网站方面，新浪、搜狐、网易皆设有专门的招聘栏目。刚改名为 51job. com 时，“前程无忧”有一半左右的浏览量需要借助新浪转过来。而今许多网站已经被淘汰，但是“前程无忧”却逐渐发展壮大起来，原因何在呢？这就是价值链整合的巨大作用。

那么，“前程无忧”是如何对其价值链进行整合的呢？它以 51job. com 和《前程招聘周刊》为基础，以企业的人力资源管理工作作为核心，积极向价值链上下游拓展，开发出一系列相互支持的业务。以招聘猎头业务为例，“前程无忧”整合了国内首创报纸（前程招聘专版）、网站（无忧工作网）、校园（校园招聘）招聘、猎头（无忧猎头）等版块，使这些版块之间更为协调。这条全方位的招聘网络覆盖了人才招聘的高、中、低端市场，“前程无忧”通过对人才市场的认识及调研，为每个岗位制订详细的搜寻方案。

另外，为了保证被录用的人才能够满足企业的需要，“前程无忧”专门设计了培训测评服务，包括无忧培训、MAST 测评（行为风格测评）等，为企业量身定制各种公开课程、内部培训、实战模拟训练及专业测评方案，帮助企业员工迅速提高职业水平和综合素质。这样一来，“前程无忧”的业务输出率更高，成功率也更高了。

通过对企业内部和外部的价值链整合，“前程无忧”满足客户的多种需求，实现整合的经济性，使“前程无忧”提高了进入壁垒，更具有市场竞争力，并获得了巨大的战略利益。

精益理念 最精益的价值创造

正如通用电器公司总裁杰克·韦尔奇所说：“如果你在供应链运作上不具有

竞争力的话，就干脆不要竞争。”这句话里隐含着这样的潜台词：如果企业的供应链没有实现精益，那么企业的整体精益化管理已然失了先机。所以，正视供应链精益管理是企业精益化不可忽视的一个环节。

从更广泛的范围来看，精益化管理会延伸到企业外部，至供应环节和销售环节。事实上，从产品的整个流动过程来看，将上下游企业之间以及企业内部的各个环节和流程视为一个整体，才是最正确的。从采购原材料开始，到在制品、最终产品，最后由销售网络将产品送至客户手中，这不仅是一条连接供应商到客户的物料链、信息链、资金链，还是一条集成化的价值链。因此，最精益的管理是以整体的眼光看待这整个价值产出过程。

为了实现供应链上的精益化，企业之间需要通力合作。特别是生产企业，一定不能忽视供应商企业和销售企业的作用。

供应环节的精益化

供应管理是企业管理的龙头部分，它的精益程度与现场管理、销售管理等方面保持着密切的关系，其重要程度不可小觑。

在现实中我们看到，大多数企业管理者还抱有“供应商是企业的外部供应者”的思想观念，采购环节不过是发挥着为企业提供原材料的辅助职能。如果企业仍然站在这种角度来思考问题，那么它根本不会去考虑供应商的发展情况对企业自身的影响，其管理出发点也就局限在单一地考虑如何实现自身利益的最大化。这种观念导致企业无法与供应商建立长期稳定的合作关系，而重新寻找供应商本身就是一种资源浪费。

虽然有些企业已经意识到供应环节精益化也是精益管理的一部分，但是在合作中对供应环节的管理并不够精益。由于供应商处于企业外部，这便给企业关注供应环节设置了很大的阻碍，因此，供应环节的精益化目标比企业内部的精益化更难实现。

不过，一些企业在这方面还是取得了一定的成功的，如河北小洋人生物乳业集团。该集团极为重视调动供应主体的积极性。在 2009 年上半年营销大会上，该集团在会议议程中增加了供应商创新展示活动，其目的恰恰是在于集思广益、创新产品。在此次创新展示会上，50 多家供应商为小洋人集团带来了涉及产品概念、原料配方、包装设计以及食品添加剂等方面的创新方案。甚至还有一家包装公司为小洋人“妙恋”系列产品专门设计了新包装方案，对于包装设计、耐压、抗磨等，都予以了大胆的创新。由于小洋人集团对精益管理的重视，供应商也随之提高了自身的精益水平。

销售环节也需精益化

产品生产出来，还需要通过合适的销售手段出售给顾客。这个过程，同样是价值增值的过程。

其实，精益思维可以被应用于销售业务和服务业务等方面，在这些方面同样可以产生价值，产生“更满意的消费”。企业应先向自己提出问题：客户在未来一段时间内最需要的价值是什么？然后，如同对待生产过程一样，站在客户的角度，将消费视为一个过程予以重新考虑。这一思考过程被称为“消费的精益化”。

对销售过程进行精益化的前提是必须对客户所需要的价值作出精准的描述，这是将精益思维方式引入销售环节所要面对的首要问题。

以中国汽车消费市场为例，目前客户在一辆汽车的购买和使用过程中普遍存在的共性需求莫过于三个方面，一是物尽其职，能够提供作为出行工具的职能；二是节约成本，节省购买成本、使用成本、维修成本等；三是节省时间，无论是事先决策、购买、售后维修都不会有无谓的时间浪费等。

此外，要将销售环节精益化，还必须建立更加灵敏的信息反馈环路。如果不能在组织中建立良好的“发现问题→讨论问题→解决问题”的信息反馈环路，或者信息反馈非常迟缓，很多改进建议就可能止步于此。比如在丰田销售 4S 店，一汽丰田更期望员工能够建立起主动性的信息反馈环路，在很多问题的讲解后，都会附上“课后作业”，教导 4S 店如何组织员工进行“销售困境”模拟赛，其后如何总结失败教训，以图改进。

所以，精益化管理不可局限于现场的某一环节，而应向生产现场的前部和后部延伸，扩大精益管理范围，将有助于实现精益目标的各项内容均囊括于精益管理中，避免孤岛式的现场精益。

不过，这尚是一个起点。作为单纯的生产制造企业，企业的目光就需要延伸到下游的销售企业身上。总之，以顾客需求为出发点，不仅仅是一家企业需要考虑的问题，更是整条供应链上的所有企业都应该考虑的。实现整体的精益化，对链上的每个企业来说，都是竞争优势。

案例引入　美的集团的供应链整合

中国制造型企业有 90% 的时间花费在物流上，其物流仓储成本占据了总销售成本的 30%～40%，供应链上物流的速度以及成本更是令中国企业管理者苦恼的难题。对此，美的集团利用信息化技术手段，对供应链实施了双向挤压策略，实现了供应链的整合成本优势。

（1）实施零库存管理。

2002 年中期，美的集团在全国范围内实现了产销信息共享。有了信息平台做保障，美的集团原有的 100 多个仓库，被精简为 8 个区域仓库。对在 8 小时可以运达的供应商，会要求其及时配送零配件；而对运输距离远的外地供应商，则为在美的集团的仓库里为其提供一个片区，并将其零配件储备在限定的片区里。

当美的需要零配件时，会立即通知供应商，然后安排资金划拨、取货等工作。这时，零配件的所有权方由供应商转到美的手中——而在此之前，所有的库存成本由供应商独自承担。这一做法使得美的集团的在2002年的零部件库存周转率上升到70～80次/年，资金占用率大大降低。

（2）消解分销链的存货量。

在对供应体系予以优化的同时，美的也加紧了对销售体系的管理与优化。

2002年，美的集团以空调为核心，对整条供应链资源进行整合。于是，更多的优秀供应商被纳入美的空调的供应体系之中，美的空调供应体系的整体素质大幅提升。而依照企业经营战略和重心的转变，为满足制造模式“柔性”和“速度”的要求，美的集团对供应资源布局作出结构性调整，供应链布局由此得到了优化。通过美的集团与销售商的共同努力，整体供应链在“成本”、“品质”、“响应期”等方面的专业化能力得到了不同程度的提高。如今，美的空调成品的年库存周转率已接近10次。

事实上，对分销链的供应加以控制的同时，也从反方向优化了美的集团的物料采购环节，使得物料采购数量、在制品积压数量一并得到了降低。

精益理念　构建精益供应链

1996年，一家顾问机构指出，通用汽车公司死抱着纵向管理思想不放，为它自己的公司生产70%的零部件，而福特公司只有50%，克莱斯勒只有30%。他们指出，正是由于通用汽车公司的顽固做法，它不得不经受着多方面竞争的压力。通用汽车公司因为生产汽车零部件而耗去的劳动费用高于其他两个公司。每生产一个动力系统，它比福特公司多付出440美元，而比克莱斯勒公司多600美元。

企业在寻求供应链的优化时，会产生一种普遍的想法，即开展纵向一体化。诚然，纵向一体化有利于确保原料的供应，但是也会产生很多弊端。比如通用公司的成本优势的弱化。

湖北玉立集团砂带股份有限公司是一家生产砂带的知名企业，一度被誉为“亚洲涂附磨具之王”。为了适应“犀利”牌涂附磨具产品在国际市场上竞争的要求，董事长黎珊玉在抓主导生产设备更新改造的同时，着力加强原辅材料管理，强化仓库物料存放质量，确保物料供应的质量达标、时间可控。

为了进一步控制物料供应，玉立集团还特别设立了树脂胶车间、织布车间和棉纺车间等，由公司本部来生产树脂胶、织布和棉纺等物料，从而保障物料供应时间的准确和供应质量的稳定。他形象地称这种管理方法是“延伸生产流程”，将生产中有关生产效率、质量、成本控制的点往前延伸，以确保产品生产项目的顺利进行。

玉立集团的这种操作模式使其供应效果得到了极大的强化。然而，这种供应管理系统的延伸又等同于在迫使企业从事原本不擅长的业务活动。更有甚者，一些企业在实践中便成了“大而全”、“小而全”的翻版，企业需要在供应业务上花费很多精力，反而忽视了关键性业务，使后者无法发挥出核心作用。这不仅使企业失去了竞争特色，而且增加了企业产品成本。

此外，这些企业还面临着另一个问题：它必须在不同业务领域直接与不同的竞争对手进行竞争。例如，有的制造商不仅生产产品，还拥有自己的运输公司。这样一来，该企业不仅要参与到制造业的竞争，而且要参与运输业的竞争。在企业资源、精力、经验都十分有限的情况下，四面出击的结果是增加了企业的运营风险。

精益化的供应链应该是这样的：企业从顾客需求出发，以本企业为纽带，联系销售商和供应商，形成一条紧密联系的链条。这条价值链上的所有企业共享信息，通力合作，实现顾客需求的准时化满足。

企业应该聚焦于自身核心竞争力上，充分利用外部资源快速响应市场需求。也就是说，本企业只抓最核心的东西：产品和市场。至于生产，也尽可能只抓关键零部件的制造，甚至全部委托其他企业加工。这样做的目的是利用其他企业的优势资源弥补自身的劣势，加快产品的生产过程，赢得整体竞争优势。

由于相邻节点企业表现出一种需求与供应的关系，当把所有相邻企业依此连接起来，便形成了“供应链一体化”。

在精益供应链中，客户价值始终被置于企业价值之上。

从企业的角度看，市场目标实现的关键评价指标是企业既定利益是否能够实现，企业价值是否能够最大化，但前提是客户利益是否能够实现，客户价值是否能够最大化。因此，客户及其价值实现是供应链一体化管控的驱动力和决定因素。这与传统的供应价值分析中从供应主体出发，以成本或利润为基础，着眼于链上企业价值的生成与实现的理念是相反的。

在传统的价值认知下，顾客价值被忽视，这使得一些企业即使处在行业价值链上增值能力比较强的环节，也难以实现持续高速成长。通过将供应链的价值转化为客户价值，做到以市场为导向，以客户为中心，才能在满足客户需求的同时实现企业经营绩效的提高。同时，企业可以通过识别和改善客户价值实现的薄弱环节，提高自身的经营管理水平，实现企业价值的最大化。

第3章 精益现场改善

在当今生产力过剩和全球竞争的时期，降低成本成为很多中国制造类企业放在第一位的生存法则。于是，从困难环境中打造出来的精益生产方式成为企业应对逆境、继续发展的好方法。

目前，中国制造业面临着一个正在成长中的、巨大的国内市场，劳动力丰富而又廉价。另外，正逢先进工业国家制造业进行结构调整，大量劳动密集型、低级产品的生产加工业务开始向第三世界转移，这给“中国制造”以新的发展契机。在此背景下，一些中国制造企业采用粗放的管理、高昂的消耗和初级的劳动力，来获取有限的发展空间。然而，这并非一条可持续发展之路。

当西方企业拿起精益的武器，用综合的低成本来对付中国的低价劳动成本和高消耗时，中国企业的竞争优势已经不复存在。那么，中国企业怎样才能提升自己综合竞争力呢？只有一条路——采用精益生产，有效降低产品成本，以进一步提高自身的综合竞争能力。

第 1 节 生产的效率提升

生产效率是精益生产关注的一个重点。企业寻求更高的生产效率，以降低成本，快速应对顾客变化的需求。

案例引入 佳能公司的 CELL（细胞）式管理模式

1998 年，日本佳能公司决定将某些产品（如彩色复印机、数码相机等）的生产从国外转移到日本本土。在此之前，佳能公司的产品生产一直延续着传统的流水线作业方式：由传送带连接起一条生产线，劳动者被固定安排在某个特定的位置上，安装或插装特定的零部件，生产线上的所有人共同完成一件产品。

但是，如果佳能公司将这种生产方式直接空降回日本，便会导致运作成本的急剧增加。因为，日本的劳动力成本要远远高于其他国家和地区。以 2003 年为例，中国劳动者的平均月工资为 126 美元，而日本劳动者的平均月工资为 3737 美元，约为前者的 30 倍。也就是说，倘若在生产方式方面不能做出改变，那么，回日本生产便会成为佳能公司的一大负担。

于是，佳能公司潜心研究出一种新的生产方式，并迅速推广使用。在这种生产方式中，一件产品并非通过所有劳动者的配合来完成，而是由几个劳动者（小团队或小单元）协作甚至于可以从一个劳动者手中产生，专业化被整体化所取代。人们结合这种新型生产的独特特点，将其命名为“单元生产模式”。

从 1998 年至 2003 年，这种生产方式为佳能公司节约了 2.7 万个劳动力，劳动生产率提高了 50%；节约了 72 万平方米用于存储的厂房面积，仓库数量从 37 个减少为 8 个，直接削减了高达 2.8 亿美元的土地和厂房使用成本。

虽然佳能公司在日本生产的产品售价，要高于在国外生产基地生产的产品售价，但由于前者在质量和性能方面具有优势，因而需求量增长迅速，利润大幅增加。2004 年 7 月，佳能公司宣布，得益于彩色复印机和数码相机的巨大需求，截至 6 月 30 日，一个季度的利润就增长了 36%。而在 2004 年整个财年里，所有业务及关联公司的合并利润增长了 16%，高达 30 亿美元。

精益理念 紧凑的生产线

从专业化回归整体化，看似一种生产方式的倒退，实则是市场变化的要求。

佳能的生产方式符合精益生产方式的理念，即减少不必要的操作，减少人工和浪费，以此达到提升生产效率的目的。

为了实现生产效率的提升，精益管理人员应该致力于以下几个方面的优化。

第一，消除返工。返工可以说是生产中最大的浪费，源于产品的质量问题。如果出现返工，第一次生产中投入的全部资源都会变成负成本，企业还不得不追加二次投入。这无疑是违背精益的基本原则的。如果从设计开始就注重产品的质量，免去检测和返工，效率自然能够得到极大的提升。

第二，消除不必要的移动。不必要的移动可以说是生产浪费里最典型的一种。这类浪费包括不恰当的动作，重复的搬运等。生产布局不合理是造成重复搬运的根本原因。按照传统的作业组织方式，在制品往往要在不同的工序和车间之间搬来搬去，造成生产线路的延长，从而导致高成本和低效率。在精益思想导向下，企业应该合理规划生产布局，按照产品的移动顺序设计紧凑的生产线，从而缩短运输线路，消除不必要的移动，节约时间，提高效率。

第三，消除在制品库存。在制品库存使得生产线的运转速度变低，因为各环节不得不花费大量时间处理在制品，形成大量的等待时间。如果能够消除在制品库存，可以使各部门之间的联系更加紧密，作业的运转流程更加顺畅，从而提升整体的作业效率。

事实上，精益生产方式所推行的一个流生产，就是减少中间浪费，实现快速响应的高效生产方式。

案例引入 丰田公司借快速换模系统提升整体效率

在流程运作过程中，有许多的时间变量。有些变量是固定的，如生产时间、机器运作时间等；有些变量是不固定的，如生产作业切换时间。作业切换时间包括内部转换和外部转换，其中外部转换可以在生产的同时，在外部完成；而内部转换必须在生产线内进行，从而影响了生产的进程。此时，要实现最大化缩短作业切换时间，就需要采用 SMED（快速换模方法）。

这种方法由日本的新乡重夫先生首创。通过分析换模过程，找到了换模时间长的原因及如何相应减少的方法。在此方法下，换模时间甚至被控制在一分钟以内。在日本丰田汽车公司里，这种快速换模方法得到了极为广泛的应用。以广州丰田工厂为例，该厂采用了可以同时实现 6 款不同车型共线生产的柔性化生产线，在 60 秒的时间内就能实现适应不同车身尺寸的夹具转换，而这在一般的合资工厂中，甚至需要 8 分钟才能完成。

在多品种小批量生产的企业中，生产运作时往往需要缩短不固定的作业切换时间。这种客观存在的需求，使无数企业对丰田汽车公司的快速换模法争相借鉴。

精益理念　建设高效的生产线

高效率是精益管理的一个重要要求和目的。大野耐一列举的 7 类浪费情形全都直接或间接地与效率相关。比如说，各种等待和不必要的搬运、动作，都是浪费时间的表现，而消除这些浪费就是节约时间，提高效率。

效率一直是企业竞争力的重要指标。企业也一直致力于追寻更高的生产效率。

某公司的生产产出速度很不理想。一些下游的工人经常向生产主管抱怨：上游速度太慢，导致他们总是停工待料。

后来，生产主管对整个生产过程进行了分析，他发现整个生产过程的节拍差异很大，不甚协调。经测算，各节拍分别为 30S、28S、26S、32S、28S，而整个流程定拍 30S，其中工序 4 为 32S，明显是生产线上的瓶颈环节。工序 4 的存在，严重限制单条流程的产出速度，而且会影响流程中其他环节生产能力的发挥。

为了化解瓶颈，生产主管对各工序的时间定额稍作调整，将工序 4 中的部分动作安排到了工序 3 中，借前道的工序来协助完成，保证单位数量产品在各道工序停留的时间安排趋于一致。

为了让流程运作更协调，生产主管还将工序 5 的一名熟练工和工序 4 的一名新工人进行了对调。如此一来，各作业时间达到了相近的状态，实现工序间的平衡，资源浪费环节得以切除，瓶颈也自然而然地得到了化解。

在 19 世纪，福特汽车首推流水线生产方式，极大地提高了效率，成为改变世界的生产方式。从此之后，企业对于效率的追求一次次地实现跨越。后来，丰田汽车更是顺应时代变化，创造了丰田生产方式，从已经消失的效率优势中开辟新的效率之路。而这种优势经过不断的改善，形成了目前最高效的企业管理方式，那就是以客户需求为拉动的精益管理模式。

精益生产方式以消灭浪费和快速反应为核心，使企业以最少的投入获取最佳的运作效益，并提高市场反应速度。它强调，在开始生产前，先了解客户的真实需求，精确地生产出其所需要的产品数量。即按照客户需求的数量和销售的速度来进行生产，保证物流平衡。精益生产方式的效率来源于迅速反应的生产线，因此，建设高效的生产线成为精益现场改善的第一个任务。

就中层管理者来说，协调各方资源，合理安排生产布局和生产计划是提高生产线效率的关键。

优化生产流程

生产布局优化的最终目标是实现一个流生产方式。这要求压缩生产环节之间的衔接时间，使得产品能够迅速在不同环节之间流动。

任正非认为，去除流程中的冗余环节，让工作流程的各个环节得到精简，是优化工作程序、提高工作效率的第一步。

1. 发现和去除缺少价值的环节

如果流程中各个环节结束后未创造出预期的价值，那么，流程的执行也就失去了意义，执行流程只会平白地消耗资源。此时，只有删除那些冗余的流程，才能将有限的资源投入到其他流程中去，在总体上缩短流程周期。

华为公司的一位中层管理者曾说道："我现在最大的爱好之一，就是分析工作流程的网络图，每一次能去掉一个多余的环节，就少了一个工作延误的可能，这里意味着大量时间的节省。这 2 年来，我去掉的各种冗余工作环节达 70 个，粗略评估了一下，这里省下的时间高达 3 000 多个小时，也就是 120 多天啊！"

2. 去除流程中的重复、多余的环节

充分、良好的内部控制才能保证流程输出结果的质量。不过，需要注意的是：最理想的状态并非控制越多越好，而是将流程中重复的、冗余的环节尽快予以删除。针对重复、冗余环节的简化，可利用流程进行内部控制分析——确定一个控制目标后，根据内部控制目标来确定关键的内部控制程序，再分析这些关键的控制程序，确定是否存在重复之处，是否存在优化的可能。

3. 改变任务中的问题环节

一些过分复杂的问题环节可能是进一步简化的机会。但是，困难和危险的工作环节不会同简单和安全的环节一样被最高效地完成。例如，华为曾由内部员工来专门开展环境清洁工作，但管理者发现外聘专业保洁人员来操作这项工作比员工亲自操作更节约成本、节约员工的有效工作时间。一般说来，如果员工们不愿意操作某些工作任务，管理者应认真分析其原因，改变冗余环节的问题状态。

生产排程合理化

合理的生产排程可以协调生产各部门的进度，实现各环节的相互配合，优化整体的生产效率。

某家电制造企业是一家主营空调制造的企业。家电的销售和制造过程与一般产品存在很大不同——家电的销售和制造情况会因淡季和旺季而存在极大的差异。

夏天是空调的销售旺季，在销售旺季来临之前的几个月则是生产的旺季，在旺季和淡季的生产数量会相差数倍。事实上，在销售旺季来临时，即便将所有生产线开动起来、日夜加班，都不能满足销售需求；而在销售淡季，则可能需要停掉部分生产线、工人部分时间休假或需要裁减员工。但是，过多的休假或加班对企业人员管理是非常不利的，正常的企业生产应该保持连续而均匀。

为了实现“连续、均匀生产”的目的，该企业确定了产量与工作时间的安排，并考虑到库存成本问题，使生产与库存在最大程度上达到了平衡状态。在编制生产计划的过程中，该企业主要考虑了以下几方面的问题。

（1）在销售淡季，要保证员工工作达到基本工时要求；在销售旺季，工作时间不得超过最大允许加班时间。

（2）明确企业的最大生产能力如何，以及生产瓶颈处于哪个环节。

（3）确定受限的资源，对于资源比较紧张的配件，要提前较长时间生产。

（4）配件生产与总装的配合。总装厂要生产急单，也要生产出一定的库存；各配件厂则要全力配合总装厂的生产作业。

（5）按实际的生产计划，将物料采购要最好精确到天或周，不要以月为单位，以降低材料库存。

如此一来，该企业的生产计划编制便完全契合了生产需求，同时也避免了等待或过量囤货造成的资源浪费。

进行生产资源管控

生产效率的一个重要保障是资源配置。除了进行合理的生产排程外，对各方资源进行管控也是非常重要的。

阳光制锁公司认为，企业生产必须确保充足的物料供应，但是这并不需要储备大量的物料。因此，该公司的备料制推行极为独到。具体而言，主要是从以下方面入手的。

1. 统一计划，达成共识

由物控部经理根据订单评审交期制订主计划，主计划经过市场跟单确认、生产主管确认后，与相关部门进行共享。

2. 计划分段，确保过程

物控部经理根据主计划制订《日滚动生产计划》，然后由物控员根据主计划制订《物料需求计划》，根据《日滚动生产计划》制订《欠料滚动日计划》。随后，由采购员根据《日滚动生产计划》、《欠料滚动日计划》制订《采购跟催日计划》。

3. 多重报欠，促进齐套

物控员根据《日滚动生产计划》统计库存情况，上报欠料情况，再根据欠料做出《欠料滚动日计划》；采购员根据采购周期，进行分段跟催，对不能及时到位的物料，提前上报欠料。

4. 双重会议促顺畅

公司于每天 8:00 根据当天的物料报欠情况和物料计划，召开物料专题会议，对每天的物料进行总结；于 9:00 召开生产协调会议，检查前一天的计划达成情况，然后对生产日计划进行调整。

通过上述方法的实施，该公司的业绩明显提高：采购准交率达到 95%，客户订单准交率达到 100%。

共享生产信息

信息不对称的问题很容易导致各环节抱怨连连，生产活动受到阻碍。加强不同环节的信息传递与共享，可以实现整体流程的流畅运转。

方太厨具公司从事高端嵌入式厨房电器和集成厨房产品的研发和制造。它拥有亚洲最大的研发中心，具有强大的研发和生产能力，并早已应用有 ERP、分销管理信息化系统。虽然该公司早已引入了信息化管理系统，但由于系统的独立性，仍然无法满足企业不断发展的要求，并且出现了生产过程信息滞后问题。

为了实现生产全程的实时数据采集，保证信息系统实现品质追溯、合理排产以及质量控制等要求，方太集团开展了信息化管理模式。

1. 成立项目团队

项目指导委员组由技术副总、运营副总、工厂总监等核心高层组成。项目组组长由制造副总裁担任；副组长由信息化发展总监和服务物流部部长担任。

高层管理者的全力支持与参与，是方太集团信息化取得成功的前提条件。

2. 确定解决方案

咨询公司对方太集团的调研，与项目组成员商定了该项目的实施范围。其实施范围涵盖了从原材料入库、产品冲制、精加、涂装，到组装、成品入库的完整制造过程。

从 2010 年 8 月开始，项目组在设计信息化管理系统的同时，配套地对公司的流程管理体系进行了全面改善。仅仅 6 个月时间里，方太集团的生产模式和业务流程发生了实质性的改变。

方太集团取消了产线上各类生产、品质数据的人工记录，转变为系统地借助 DCT（资料收集器）、计算机、PDA 手持终端，逐渐实现数据与第三方系统的无缝对接。

方太集团借助信息系统，实现了对材料采购、入库、在制品流动、生产、成品入库、出库到最终用户的各环节信息的记录与监控；通过生产信息共享，使全流程信息更加透明，使生产流程各环节的衔接更紧密，运作更高效。

第 2 节　生产的效果保障

质量可以说是留住顾客最关键的因素，因此，精益化生产关注的另一个重要因素就是生产的效果，即生产能否保质保量地完成。

案例引入　丰田的质量风波

从 2009 年年底开始，丰田相继陷入“脚垫门”、“踏板门”、“爬坡门”、“刹车门”、“油管门”的危机中，丰田召回事件在很长一段时间里没有中止过。丰田汽车面临着前所未有的质量挑战。

速度与规模的双重诱惑，膨胀了丰田的扩张野心，使得丰田汽车很快触及“大制造”的天花板。从 2009 年年底至 2010 年 3 月，丰田汽车质量问题越来越突出，各类“召回门”事件相继曝出，此前丰田精益化管理下获得公认的高质量产品遭遇信任危机。

短短数月，丰田在全球召回汽车高达 800 多万辆，甚至远远超过了其 2009 年年度全球总销量——698 万辆。据统计，在此阶段里，丰田车在全球范围内进行如下数量的召回，如表 3—1 所示。

表 3—1　丰田汽车的召回统计

时间	地区	数量	涉及车型	召回原因
2010 年 2 月 11 日	美国	—	卡罗拉	转向系统存在问题
2010 年 2 月 9 日	新加坡	70 台	第三代普锐斯	ABS 存在问题
2010 年 2 月 9 日	澳大利亚	2 378 台	普锐斯	刹车系统稳定性问题
2010 年 2 月 9 日	日本	22.3 万台	新普锐斯、SAI、雷克萨斯 HS250h、普锐斯 PHV	制动系统故障隐患
2010 年 2 月 7 日	日本	—	Sai 和雷克萨斯油电混合动力车	刹车系统故障隐患
2010 年 2 月 5 日	俄罗斯	16 万台	雅力士、Auris、卡罗拉及 RAV4	油门踏板故障隐患
2010 年 2 月 5 日	英国	18.086 5 万台	IQ、Aygo、yaris、Auris、Corolla、Avensis 及 Verso7 款车型	油门踏板使用不便
2010 年 1 月 28 日	中国	7.555 2 万台	RAV4	油门踏板故障隐患

续前表

时间	地区	数量	涉及车型	召回原因
2010 年 1 月 21 日	美国	230 万台	凯美瑞、RAV4、卡罗拉、汉兰达等	油门踏板故障隐患
2009 年 12 月 24 日	中国	4.302 3 万台	RX350、ES350、汉兰达	VVT-i 机油软管内壁破裂、机油软管漏油
2009 年 11 月 25 日	美国	426 万台	凯美瑞、亚洲龙、普锐斯、ES350	脚垫滑动卡住油门
2009 年 8 月 28 日	美国	9.57 万台	ScionxDs、Matrix、卡罗拉	刹车底盘问题导致刹车失灵
2009 年 8 月 25 日	中国	68.831 4 万台	凯美瑞、雅力士、威驰、卡罗拉	电动窗主控开关发热、短路、熔损
2009 年 7 月 30 日	日本	7.131 9 万台	卡罗拉、Axio	无忌变速器缺陷

根据表 3—1 的统计，丰田因脚垫门事件于 2009 年 11 月不得不从美国召回了 426 万台车辆，并免费为这些问题汽车更换油门踏板。很多人认为脚垫问题根源在于脚垫过厚，但是，提供脚垫的西迪斯首席执行长维诺多·吉尔纳尼对此做出了解释："设计缺陷的责任在丰田，我们的产品一直符合丰田的规格。"他的声明，使消费者进一步明确了脚垫门的问题根源，仍然出在丰田身上。

我们无法拷问各种质量门事件的细节真相，其中的许多商业规则也不为外人所能洞彻。正如"脚踏门"事件无论是电控油门系统的软件故障造成，还是由于油门踏板卡死所致，我们无从得知。

而此类"门"事件的发生，使昔日的制造大王，沦为"召回大王"，成为全球媒体口诛笔伐的对象。昔日光环加身的丰田，因质量门事件而重压缠身，财务上出现巨额亏损；金字招牌面临销蚀；消费者长久以来对日本汽车品质的信任感，也开始动摇……当事件愈演愈烈之后，丰田遭遇的不仅仅是企业声誉的损失，也使国家形象蒙受了巨大的负面影响。

精益理念　推行全面质量管理

质量成就客户。企业的产品质量和服务质量对客户影响极大。如果客户高度满意，会造就高度忠诚的客户。而一旦出现客户不满意，势必造成客户流失，并因此而损失更多的潜在客户。

一项调查显示，如果客户不满意，他会将自己的不满意告诉他周围的 22 个人，除非我们的产品或服务是独家的，否则这位客户极少会发生重复购买行为；

如果客户高度满意，他则将自己的高度满意告诉周围 10 个人以上，并且该客户肯定会重复购买，即使我们的产品或服务与竞争者相比没有什么优势。

虽然为客户提供高质量产品或服务会增加成本，但是收益却是长期的，并且具有累积效应。从精益管理的角度而言，这是一项非常精益的活动。质量保障对企业来说具有以下几个优点：

销售量上升

高度满意的客户对我们的竞争对手会自动予以排斥，他们会乐于重复购买，而不会刻意关注价格问题。并且，他们还会带动自己周围的人产生同样的购买行为，从而保证企业产品销量不断上升，企业也因此拥有了一个相对稳定的客户群。

减少销售成本

客户自发地购买并进行自主推广，可以为企业节省相当一部分营销成本。通过客户的口口相传，吸引消费者的效果比企业推广更加有效。而且，被推荐的客户具有更好的稳定性。

加强竞争地位

高度满意的客户会持续地向我们购买产品或服务，而非我们的竞争对手，我们的市场地位会因此而日趋稳固。即便是客户发现所购产品或服务存在某些缺陷，或在使用中发生故障，他们也会以谅解的心情主动向企业反馈信息，求得解决之法，而非以投诉或向媒体披露等手段扩大事端。这样一来，企业将会取得更大的收益，在激烈竞争中立于不败之地。

随着客户满意度的增加和时间的推移，因客户推荐而导致销售额的增加是巨大的。同时由于宣传、销售等方面的费用降低，企业经营成本下降，也带来大量的利润增加。可以说，高度满意的产品或服务质量带来客户忠诚，给企业带来利润。质量会满足客户，更成就了企业自身。

但是，我们需要注意的是，质量问题并不只是生产车间的责任。企业需要的是全方位的质量管控。

在一家公司的经营管理会上，客服人员向总经理汇报："我们的质量越来越差——最近接到了好几位客户的投诉。"经理脸色阴沉地说道："质量下降，不要找任何借口，质量部门必须负责。下个月再出现这种情况，我们又必要考虑换一位新的质量主管，以提高质量。"

然而，该公司的质量主管随后却做出这样一份报告：

"我们的收货检验拒收率从上个月的 2.5%上升到这个月的 3.5%，这是由于标准型硬件的采购订单上没有标明适当的电镀标准。

另外，由于装配线上使用了部分尚未培训合格的装配员，导致印刷电路板的举手率从3%上升至5%，目前生产部已经安排这些装配员进行培训。客户退货率已经从3%下降至1.4%，不过这是因为我们增加额外的测试而多付了加班工资。

而这些缺陷的产生是由于我们有一项设计发生了错误，更改设计的通知已经发出，可在本月30日之前解决。”

这位质量主管在报告中提出了在工作过程中发现的采购、人员培训、产品设计等一系列问题，这些问题都关乎产品的最终质量。

从这个案例中可以看出一个重要问题：质检部根本无法独立承担起质量管理的重任。产品质量的维护绝不仅仅是质量人员的工作，还需要企业全体成员的支持和努力。如果单纯地将质量责任下放到质检部，完全是对质量管理工作的不负责任。

全面质量管理有一个显著特征：即全员参加的质量管理。这要求全部员工，无论高层管理者还是普通办公职员或一线工人，都要参与质量改进活动。在此过程中，企业管理者要将全面质量管理的思想逐步渗透到企业各个部门中，即让部门管理者接受全面质量管理的核心理念，并通过他们将全面质量管理观念逐步灌输给部门成员。

全面质量控制（Total Quality Control，简称TQC）是以组织全员参与为基础的质量管理形式。全面质量控制代表了质量管理发展的最新阶段，起源于美国，后来在其他一些工业发达国家开始推行，并且在实践运用中各有所长。

特别是日本，在20世纪60年代以后推行全面质量控制并取得了丰硕的成果，引起世界各国的瞩目。20世纪80年代后期以来，全面质量控制得到了进一步的扩展和深化，逐渐由早期的TQC（Total Quality Control，全面质量控制）演化成为TQM（Total Quality Management，全面质量管理），其含义远远超出了一般意义上的质量管理的领域，而成为一种综合的、全面的经营管理方式和理念。

它有两个方面的含义：

一是全面控制，即以优质为中心，实行全员工、全过程、全方位控制；

二是全面质量，包括产品质量和工作质量。对于质量的定义，国家标准中的定义是“产品、过程或服务满足规定或潜在要求（或需要）的特征和特性的总和”，即“质量”由两个层次构成：其一，产品必须满足规定或潜在的需要，其二,产品特征和特性的总和。第一层次反映了产品的客观标准。第二层次反映了产品的内在要素。只有内在要素达到要求，又为用户所需要的产品才算得上质量好的产品。

在市场经济快速发展的今天，“质量第一”、“以质量求生存”已是一条不破的真理。TQC 即是一种能够保证产品质量的完善的科学管理体系，是现代企业系统中不可分割的组成部分，是企业管理的重要环节。

如果企业全员都能够对产品检验加以重视，从物料管理人员的物料质量控制，到设计部的设计质量控制，再到生产人员的自检、互检和质检员的专业检测等，那么，产品质量水平将得到全方位的、均衡的控制，并在生产成本和生产周期方面得到更有效的控制。诸多事例证明：任何部门的任何人都可以做质检员，即使是生产人员，虽然与质检人员之间看似存在不可调和的矛盾，但仍然能够为质量监控工作发挥作用。当企业的全体人员都成为质量管理高手，质量监控工作才能真正落到实处。

辅助阅读

质量的三检制度

在生产实践中，检验是质量管理环节中不可少的一个环节。三检制是质量检验时常用的方法之一，它就是实行作业人员“自检”、工人之间的“互检”和专职检验人员的“专检”相结合的一种检验制度。

1. 自检

自检即每一位作业成员在工序内对产品进行检验，对自己的每一项工作进行即时全数检查，并当场跳出不合格品。

某企业生产小组，负责产品外框加工，而且工段尾端安排员工对产品外长宽尺寸进行检验。检验人员在检验尺寸时需要使用专业的检具，对产品进行检验，若在误差允许范围内，则为合格品，如尺寸偏差较大则为不合格品。

后来，客户因产品存在尺寸偏差导致装配不良，将其所有不良货物全部批退。经调查发现，批退的主要原因就是因为在自检过程中，很多老员工只凭借经验操作，但客户对质量要求极为严格，因此虽然在一个环节可以蒙混过关，最终出厂后也难逃被拒收的厄运。

上述案例中作业人员在自检时，没有通过合理手段进行检验，使得产品出现批量不良。在进行自检时，应该做好以下几个方面。

(1) 对照标准作业指导书确定作业的内容准确无误。

(2) 对需要标记的内容，在进行确认工作后做相应规定的标记。

(3) 若是全检项目，需对每一个加工部件以及每一个步骤都进行全数检查。

通过自我检查，可以充分了解自己生产的产品在质量上存在的问题。根据各种问题，员工采用相应的改进措施来解决。这也是员工参与质量管理的重要形式。

2. 互检

互检是作业人员之间的相互检查，具体表现为下道工序的作业人员在作业开始前对上道工序流转过来的在制品进行质量确认，防止疏忽大意而造成批量废品现象。

在某生产车间中，生产工序为CNC-抛光-焊接。在检验上施行的是互检制度，即抛光段对CNC段产品进行检测，焊接端对抛光段产品进行检测。若在互检过程中发现不良产品会及时反馈至上一工段。后来，在生产中，抛光段在对CNC段产品进行检验时，由于组长急于生产补料，便将全检项目改为抽检，以加快物料流动。但由此而导致的结果，便是焊接段出现大量焊接不良的产品。

案例中，生产组长在对前工段互检时，没有严格检查，造成后工段批量不良。进行互检时，我们应该做好以下几方面工作。

(1) 根据标准作业指导书的内容确定上道工序的作业内容是否正确。

(2) 确认上道工序自检所做标记是否正确，以防止不合格品流到本道工序造成更多错误。

(3) 对生产即将使用的每个零件进行全数确认，以防止抽检中漏检的不合格品被使用。

在实际生产中，不同的小组工序通过采用互检，对上道工序半成品进行检验。如此，我们可以在第一时间发现产品或零部件的不合格现象，以便及时采取补救措施，从而保证产品质量。

3. 专检

专检就是由专职品质管理人员进行的检验，它是必需的，是不能被互检和自检取代的。在专检中，工作人员通过采用专业的精密测量仪器对产品进行检验，可以确保检验结果的准确性。在进行专检时，应该注意以下几方面。

(1) 检验人员在施工过程中应加强巡回检验（即过程检验），及时纠正生产现场不符合规定的操作。

(2) 专检人员不受生产因素影响，坚持公平公正的态度。对不同操作者的产品或不同时段的产品，都应按照规定的标准进行检验。

(3) 对不稳定工序应进行反复检验，以加强质量控制。

在实际应用三检制时，首先需要合理确定专检、自检、互检的范围。一般来说，进货检验、半成品流转与成品最终检验相对比较专业，应以专职检验为主；工序检验则可以根据不同情况区别对待，可以由作业人员自检、互检，再在重要工序上添加专职检验人员，以方便对质量影响较大的工序进行控制。在作业人员自检、互检情况下还要辅以专职检验人员负责巡回抽检。

生产过程是产品及其质量保证和实现过程，对这一过程的质量进行控制，具有重要意义。设计和开发过程的质量不高，就不能得到设计和开发成功；采购的质量控制不高，就不能采购回高质量的原材料；而生产过程的质量不高，就不能保证实现最终产品及其质量。

案例引入 对质量问题的无视

戴维·梅尔（丰田生产方式的训练师与推广者）在美国前三大汽车制造公司的一座组装厂提供顾问咨询服务时，曾遇到这样一件事。据他描述称：

当时，我在观察最后一条汽车组装线（有时被称为“金钱线”），我注意到驾驶副座下的地毯有一条裂缝。当时我正好站在一位督导人员旁边，我的第一个反应是找方法暂停生产线。当然，那里并不像丰田工厂里一样，有一条可以拉动以发出信号的“绳索”，因此，我向那位督导员指出这条裂缝，并等候回应。他查看了一下，确定地毯的确裂开了，但却没有作出任何反应！我既着急又困惑，问他我们应该怎么做，他回答说：“这个问题会在修理区得到解决。”我问他，我们是否应该寻找问题的根源，以防再发生同样的问题。他耸耸肩，答道：“他们可能已经知道了。”这是我第一次遇到这种情况，我不知该如何作出响应，但我内心焦虑极了。

实际上，如果这个潜在问题任其发展下去，后果是非常严重的。如果在这个作业步骤完成的所有内部装潢工作，到了修理区又得重新来过，包括拆除座椅以及许多内部装饰，那么，这种大修除了会浪费成本外，还会造成产品质量比原始作业完成的产品的质量相差甚远。因为，返工和重新组装后的装潢与座椅，日后必会发出“嘎吱嘎吱”的松动声响，而消费者对这些状况是非常厌恶的。

精益理念 暴露生产问题，确保生产质量

任何一个现场，任何一条流水线都存在问题。问题无处不在，无时不发生。这并不是什么可怕的事情。正是因为问题的存在，才赋予人们无限的改善空间。只有当问题被隐藏起来的时候，才是真正可怕的。因为产品的质量将无法保证。

被忽视的质量

现场中的每个小问题都不是孤立存在的，它们总是与更大的局势相联系，预示着系统的其他部分有可能出现问题。一个小问题可能是一个大问题的征兆，一个小问题也可能使人们犯下系统性的错误，导致失败的因果链长期而广泛地根植

于现场管理系统之中。

前面我们介绍了丰田的质量门问题，这其实就是因为管理放松而导致的质量下降。

丰田的震荡更多来自于其全球化扩张的野心。在新世纪、新环境下，丰田的理智被无法克制的战略冲动所淹没。它选择了全球化，选择了效益至上，于是正常的经营节奏被不断加速，流程中的差错被视而不见，丰田忽视了精益思想的精髓——质量与技术、制造的对接。企业全球化的生产销售形态，导致丰田的产业平台摊开得太大，内部质量控制体系出现了盲点和断层，这种发展状态让丰田遭遇了一场难以预测的危机。

丰田章男在其致中国消费者的道歉信中反思了丰田生产中的不精益问题。他说：

"丰田认为，对于发生的问题，作为汽车厂商来说重要的是不隐瞒事实，把客户安全放在第一，遵照当地法律采取适当的市场对策。并且，更重要的是深挖问题真因，防止再次发生。丰田公司发生这些问题的背景，与过去几年来持续高速发展自己的业务有一定的关系……我们正在反省是不是已经超越了丰田自身能力的高速发展，使丰田一直以来最为重视的对于造物、造车的苛求而有所疏忽呢？"

丰田质量问题的第一个根源是为持续发展而采取的外包策略。多年来，丰田和其他跨国企业一样，将零部件和部分业务流程实施外包，通过这种方式降低企业的运营成本。但是，试想一个问题零部件在质量检验过程中蒙混过关而进入了整个分销系统，那么后期问题跟踪和处理的难度也会呈几何级数增加。

事实上，丰田的质量问题大多并不是发生在自己的工厂，而是其供应商。丰田通过参股等方式严格控制了一批重要的零部件供应商，形成自己的核心零部件供应体系。它将某类核心零部件完全交给其中一家独家生产，使其成为自己的一级供应商，同时向零部件供应体系输出"丰田生产方式"，帮助其改善制造能力并降低成本。正是这种长期深度合作的零部件供应体系成就了丰田的精益生产，帮助丰田度过了它当时极为艰难的成长阶段。

当丰田进入一个新的汽车市场时，它非常重视零部件供应体系的建立。它会率先将自己的核心零部件供应体系带到当地市场成立全资、合资公司进行本地化生产，为随后在当地制造汽车的丰田工厂服务，就像他们之前在日本本土的合作那样。

但是，自 2002 年提出要将自己的全球市场份额由 11%提升至 15%后，丰田的快速扩张节奏已让其所依赖的核心零部件供应体系不堪重负。这就迫使丰田开始需要和它之前并不熟悉的零部件供应体系合作，但这些零部件制造商缺乏对丰田生产方式的理解和实践。而丰田生产方式又决定了这些新加入的零部件制造商需要独当一面，为丰田在多个国家和市场供货某一类零部件。这一变化就为产生质量问题埋下隐患。此次引发丰田质量危机的恰恰就是加拿大零部件制造商 CTS 为丰田制造的油门脚踏板。

面对日趋激烈的成本竞争和利润增长目标，丰田过度关注市场份额和利润，而忽视了对零部件质量的监控，从而导致了后续的恶果。

隐藏问题的流水线

在《哈佛商业评论》的一次采访中，丰田的前任社长渡边捷昭谈及丰田公司对待这类问题的态度，言谈之间意味深长："我意识到我们可能将系统延伸得过长。我们必须使流水线上的问题更加明显化，如果问题始终被隐藏，它们最终将成为现场管理中的严重威胁。如果每个人都能看出问题所在，那么我就不会感到恐惧，自然也会恢复信心了。因为一旦问题明显化，即使我们没有事先提醒人们如何去解决这些问题，他们也会绞尽脑汁地寻找良好的解决对策。"

事实上，正如渡边捷昭所言，企业管理中最大的威胁并不在于问题，而是问题被隐藏起来。一旦问题被隐藏起来，那么问题便会因不被察觉而始终得不到改善，而发现问题的时间越晚，那么流水线上发生的批量性问题便会越来越严重。

作为精益生产之鼻祖，丰田早年的做法是非常值得称道的。他们赋予每位一线工人发现问题就"拉下安灯线"的权力，从而提醒管理者和流水线员工当前产品存在着缺陷。如果不能及时解决这些问题，丰田会停止整个装配生产线的生产。

三菱汽车澳大利亚公司的成功也是得益于此。1983 年，在剑桥集团举办的关于看板制度、质量控制与质量管理的研讨会上，三菱汽车澳大利亚公司总监格瑞姆·斯伯灵如此评论道：

三菱自 1980 年开始接管了澳大利亚克莱斯勒公司。1977 年和 1978 年，澳大利亚克莱斯勒的亏损接近 5 000 万美元。而现在，一个众所周知的事实是，三菱汽车澳大利亚公司的运营状态是盈利，而且运作效率非常之高。我们认为，公司已经拥有澳大利亚汽车行业最高水平的生产效率，我们完全有能力生产出质量最佳的产品。

同时，我也必须公正地说，在三菱接手之前，公司也尝试进行了一些改善运动，并取得了一定的成绩。但我们公司之所以能够持续繁荣，在很大程度上要归功于从日本公司那里学到的经验和教训。

而三菱之所以能取得成就就是由于公司以最小的投入引入了一系统改进项目，如减少库存、改变工厂布局等。例如，以往设计工厂布局时，主要考虑如何去适应整幢大楼，但三菱却大胆地反其道而行之，让大楼在设计之初来匹配最优化的工厂布局。结果，流水线上的库存减少了80%，个人的绩效提高了30%。

可见，发现流水线上的问题对企业质量管理而言是一件至为重要的事情。不管多小的问题，企业都应将之视为企业整体系统的窗口，以明示的状态予以展现，要让问题看得见，然后再彻底地予以解决。

辅助阅读

大野耐一圈

当今世界推行精益管理的企业很多，但是成功的很少，这是为什么？前文提到，价值创造集中在基层。而大野耐一的精益生产对此提出了更加明确的要求，即现地现物。

大野耐一所推行的精益生产有一个重要的原则，就是现地现物。“现地”是指实地，“现物”即是实际的材料或产品。在丰田内部，“现地现物”的含义就是：亲自到现场查看以了解实际情况。

为了确保人们有效地观察作业现场，大野耐一创立了一种非常有效的观察方法，世人称之为“大野耐一圈”。在丰田公司，有许多关于“大野耐一圈”的故事，很多人都在大野耐一的指导下亲身体验过、成功实现了并在持续应用着这种方法，来观察现场。

曾任北美地区丰田汽车制造公司的总裁箕浦照幸，就直接向大野耐一学习丰田生产方式。而他在丰田公司最早接受的教育之一就是站在一个圆圈里。箕浦照幸曾对人说起大野耐一的教导：

大野耐一先生要我们在工厂的地板上画一个圆圈，他告诉我们：“站在那个圆圈里，观看操作流程并自行思考。”他甚至没有提示我们观看什么，这正是丰田生产方式的精髓。

大野耐一先生早上进来，要求我站在那个圆圈里，直到晚餐时间。其间，他曾进来一次，问我在观看什么，当然，我回答了，我说：“流程中有太多问题……”但是，他并没有听我的回答，他只是在观看。

等接近晚餐时，他又进来看我，但并没有花任何时间给我反馈意见，只是温和地说：“回家吧。”

这种训练如果发生在其他的工厂里，将会是一件难以想象的事情。因为，就我们日常所见，不会有哪个工程师可以站在一个圆圈里半个小时，更别说站上一整天了。

但是，箕浦照幸深知，这是一门重要的课程，也自认能被这位丰田生产方式大师如此教导是他的无上荣耀。那么，到底大野耐一教导了他什么呢？

他在教导箕浦照幸自主思考自己所观察到的事物，亦即深入观察、提出质疑、作出分析与评估的能力。

我们再来看一个例子。

克利斯迪安托·佐加是一位从事现场改善的咨询师，早年他曾服务于丰田汽车公司。他曾说起自己第一次被派往日本丰田工厂接受训练的情形：第一天，一位督导人员被指派为他的师傅，将他带到工厂的一个角落处，然后用粉笔在地上画了个小圆圈，告诉他整个上午都要待在这个圆圈里，同时关注有什么事情发生。于是，佐加专注地看了又看。但是随着时间的消逝，他感到越来越烦躁，因为他看到的都是例行重复的工作。最后，他恼火地说："我的督导想要做什么？我被派来学习经验的，可是他没教我任何东西。难道他想显示一下自己的权威？抑或这是一种训练？"

在他感到大受挫折之时，这位督导人员回来了，并将他带到会议室去。在会议室里，督导人员要求佐加描述他所观察到的一切。他被问到一些特别的问题，如"你在那儿看到什么？"，"对于那个流程你有何想法？"而佐加对这些问题大多无法作答。

自此，佐加意识到自己的观察漏失了许多关键点。而后，督导人员向佐加耐心地解释那些无法回答的问题，用图表画在一张纸上，以便将整个流程描述得更清楚。此时，佐加意识到督导人员对流程有更深入地认识，同时也意识到自己的无知。他终于明白：现场是所有信息的来源。这位督导人员告诉他：要成为一个够格的丰田人，就必须喜欢现场，这是每一位丰田员工所必需的信念。

大野耐一曾说："在制造业，数据当然重要，但是，我认为最重要的是事实。"在大野耐一看来，数据只是事实的"指针"而已，你真正该做的是到现场去寻找事实材料。有人评价大野耐一的这种方法"如同法医在调查某犯罪现场"，这也丝毫不为过。

在现场调查过程中，身处圆圈中的人应专注地观察现场，并了解以下问题：

（1）我们有标准吗？

（2）现场的环境维持做得如何？

（3）工人们是否遵循标准工作程序？

（4）是否遵循平稳的流程和准时生产？

（5）零件是否在尚未需要之前就已经送到？

（6）现场里还有多少浪费存在？

身处圆圈中的观察者必须亲自观察材料送至生产线的流程，才能获得这些问题的答案。他必须亲自查看联机操作员是否使用安灯请求支持，并在必要时暂停生产线；以及小组领导者和团队领导者如何做出反应等。

第 3 节　精益环境建设

环境管理是车间层精益化的另一个重要方面，是确保生产效率和质量的一个基础性要素。车间或者说生产现场的环境管理不仅仅是对现场的改善，还应从生产作业人员的意识上进行提升。

案例引入　精益环境的重要性

BP 公司环境管理方面最大的成就是牢固树立 HSE 管理体系（健康 Health、安全 Safety 和环境 Environment 三位一体的管理体系）为主线的管理方针，并全力推行落实。虽说在石油化工企业中，建立和推行 HSE 管理体系已经十分普遍，但 BP 公司有着独到的做法。如在 BP 公司建立的 HSE 体系中，BP 公司结合生产经营各个环节，并针对企业经营管理的具体实际情况，确定了 13 个管理要素。BP 公司各项业绩考核标准的设立，都由各业务单元控制，并且严格按照“PDCA”循环原理进行工作，确保 13 个要素的落实到位。

除此之外，BP 公司也非常关心员工的安全与健康。无论是进入 BP 在中国的任何一家办公室，或是参加 BP 公司组织的会议或活动，人们都会发现：BP 公司一进门就会讲安全事项。人们可以很快了解到办公室或会议室的紧急出口，发生紧急情况时的应对方法，以及灭火器和急救包的位置等方面的信息。

公司所提供的办公设备等都尽量考虑员工的健康，例如为员工提供保护视力的液晶显示屏，有利于员工电脑操作的特殊设计办公桌等等。公司会定期组织健康讲座、急救培训等，帮助员工提高健康意识与保健知识。公司还经常组织和鼓励员工进行体育锻炼，提高大家的身体素质。在 BP 的许多办公室，都有休息阅读区，为大家提供一个能够换换脑筋，提高效率的环境。

“任何人都有义务停止不安全的工作。”这是 BP 在全球范围内宣导的安全口号，不仅仅是员工有权利拒绝自己认为不安全的工作事务，即便是其他员工工作中存在安全风险时，每一位员工也有义务去提醒他或帮助他。如今英国石油公司（BP）是世界上最大的石油和石化集团公司之一，而和与其关注环境管理有极大的关联。

精益理念 7S 环境管理

环境造就人，环境影响人。换一种工作环境，我们的工作习惯会随之产生巨大的改变，直接影响行为效率。因此，环境建设是精益管理不可缺少的一个方面。

环境的影响力

工作环境的改善，可以是布局、色彩和光线的调整，音量的控制等各个方面。比如，色彩作用于我们的感官，可刺激人们的联想，对我们的心理产生影响。如看到红色，会使我们联想到太阳、火焰，整个人感到兴奋，工作起来更有效率；而见到蓝色，会使我们联想到海洋、蓝天，因而思路更为沉稳。而如果我们要消除烦躁和愤怒，则应避免红色；要化解沮丧，则应避免接近黑色和深蓝色等令人情绪低落的颜色。我们可以利用这些原理对工作环境进行恰当的颜色管理，即要根据需要来调整工作环境，使我们在适宜的工作环境中创造最精益的业绩。

辅助阅读

一汽集团的现场颜色运用与管理

一汽集团的建成，开创了中国汽车工业新的历史。经过五十多年的发展，一汽已经成为国内最大的汽车企业集团之一。一汽集团非常注重作业环境的管理。

由于颜色对于人的心理因素影响颇大，一汽集团在进行工作现场所的布置时，非常注意颜色的使用。具体做法如下：

(1) 在工作场所，墙壁尽可能采用较柔和的色彩，例如浅黄色、浅蓝色，因白色的墙壁较容易产生反光的效果，而使得眼睛疲劳，影响到工作质量。

(2) 机器设备尽可能以“苹果绿”着色，使其视觉感较佳。

(3) 工作场所内，可能的状况下摆设一些花盆，以绿色植物为主，以纾解员工身心疲劳。

通过现场颜色的管理，一汽集团不仅提升了人员的工作质量，而且还使员工获得身心上的调剂。

当然，环境不单指物理环境，还包括人文环境。使工作更精益的环境，必然是那种成员全力追求“精益”环境。我们常在一些企业中听到这样的结论：“精益在我们这里行不通”、“以我们的人力无法实施精益”、“精益不适合我们这个行业”、“精益不适合我的产品或流程”等。在这种环境下，如果获得精益的成功，简直是天方夜谭。

但是，如果员工们说：“我觉得这样操作，会效果会更好”、“怎样才能更节省人力呢”此类追求工作精益求精的言论，那说明工作团队具有一种追求精益的文化氛围。即便个别人在开始时对精益带来的“麻烦”颇有抗拒，也会在潜移默化的过程中逐渐接受精益工作方式，并将精益渗透至自己工作中每个细节。

成功学演讲大师陈安之说过：“人的心态跟周围的环境一起共进退。”无论是物理环境还是人文环境，它们都会传递给我们一种得过且过或精益求精的感觉，而我们的心态也必然随之而发生变化。这就是环境的超强影响力。

7S 环境管理

7S 管理的对象是现场的环境，是最基本改善良方，能为改善活动的持续推行准备基础条件。在企业内部大力推行 7S 管理，能培养员工良好的工作作风，有效改善企业现场管理，从而从整体上提升企业的管理水平。

“5S”活动起源于日本，并在日本企业中广泛推行。5S 是整理（Seiri）、整顿（Seiton）、清扫（Seiso）、清洁（Seikeetsu）和素养（Shitsuke）这五个词的缩写。因为这五个日语罗马拼音的第一个字母都是 S，所以简称为 5S，开展以整理、整顿、清扫、清洁和素养为内容的活动，称为 5S 活动。后人在此基础上添加了节约（Saving）和安全（Safety），构成了 7S。

1. 整理

整理是改善生产现场的第一步，是把生产环境中的需要与不需要的人、事、物彻底分开，然后处理掉不必要的人、事、物。通过有效的整理，可以改善和增加作业面积，提高工作效率，消除混放等差错事故，减少库存，节约资金。

2. 整顿

整顿就是对人和物的放置方法予以标准化。整顿操作的关键在于做到三定：定位、定品、定量。整顿工作可以通过对生产需要的人、事、物量化并定位，然后科学合理地布置生产现场留下的物品，从而使员工在最快速、最便捷的情况下拿取所需物，在最简洁有效的规章、制度、流程下完成生产操作。

3. 清扫

清扫是根据整理、整顿的结果，将生产现场不需要的部分予以清除或标示，或存放至仓库之中，同时，将工作场所打扫干净。需要注意的是，清扫并不仅仅是擦干净，还要查明异常发生的原因，并采取有效措施加以排除，不能放任问题不管。因此，这项活动是改善的起始点。

4. 清洁

清洁是指在整理、整顿、清扫之后，对前三项活动的坚持和深入，防止产生安全事故的根源，创造良好的生产工作环境。清洁活动实际上是在持续进行前面三种作业，以保持现场、物料的清洁状态，它更强调改善的状态。

5. 素养

当达成前面四项活动成果后，就需要培养高素质人员，以深入和保持改善前四个活动成果，这就是 5S 中的第五个阶段。通过教养环节，可以培养人员养成严格遵守规章制度的习惯和作风，营造良好的团队改善精神。

6. 节约

节约是对时间、空间、能源等方面合理利用，以发挥它们的最大效能，从而创造一个高效率的、物尽其用的工作场所。节约是对整理工作的补充和指导。实施时，应秉持三个观念：能用的东西尽可能利用；以自己就是主人的心态对待企业的资源。

7. 安全

安全是要保护人身与财产不受侵害，以创造一个零故障，无意外事故发生的工作场所。实施的要点是全员参与，排除隐患，重视预防。其目的在于保障人们的人身安全，保证生产的连续安全正常的进行，同时减少因安全事故而带来的经济损失。

7S 管理的推行并不仅仅是为了改善现场几个方面的问题，更重要的是，企业希望通过 7S 管理实现精益意识在员工之间的形成和深入，建立起精益现场的文化，从而使精益管理具备更加牢固的推行基础和良好的推行氛围。

为此，推行 7S 活动不能只是喊口号，管理者要加强 7S 活动的管控，以取得更深入的效果。企业可以选择相关管理人员或基层员工，组成 7S 巡查小组，进行定期或不定期的巡查，及时发现问题并记录，然后向相关人员发送改善通知，并监督改善的效果。

辅助阅读

全员设备维护

设备管理也是现场环境管理的重要内容。全员设备维护（TPM）是一套完备的设备管理制度。TPM 主要通过企业各级和各部门员工对生产设备的有效管理，挑战故障为零、浪费为零、不良为零的高效生产。可以说，它是推动精益管理广泛性和基础性实施的良好工具。TPM 的操作难度不大，又易于获得理想的效果。

（1）TPM 的目标。

TPM 的目标可以概括为 4 个“零”，即停机为零、废品为零、事故为零、速度损失为零。

停机为零：指计划外的设备停机时间为零。计划外的停机对生产造成冲击相当大，使整个生产品配发生困难，造成资源闲置等浪费。计划时间要有一个合理值，不能为了满足非计划停机为零而使计划停机时间值达到很高。

废品为零：指由设备原因造成的废品为零。“完美的质量需要完善的机器”，机器是保证产品质量的关键，而人是保证机器好坏的关键。

事故为零：指设备运行过程中事故为零。设备事故的危害非常大，影响生产不说，可能会造成人身伤害，严重的可能会“机毁人亡”。

速度损失为零：指设备速度降低造成的产量损失为零。由于设备保养不好，设备精度降低而不能按高速度使用设备，等于降低了设备性能。

（2）TPM 管理的 5 层防护。

生产部门在日常生产中要合理使用设备，尽量避免设备的故障；而专业保全部门就要对设备进行有计划的保养和应急维护。TPM 制定了 5 层防护线，使设备管理更加全面。

①由岗位操作人员负责的日常点检；

②由专业点检人员负责的定期点检；

③由专业技术人员负责的精密点检；

④对出现问题进一步通过技术诊断等方式，找出原因及对策；

⑤每隔半年或一年进行的精密检测。

案例引入　NUMMI 的员工参与精益

丰田与通用共同创立了新联合汽车制造公司，即 NUMMI，试图将精益管理引入该企业。在 NUMMI 公司，UAW（联合汽车工人组织）经谈判达成协定，同意员工参加精益管理。这说明工会既接受了管理层在精益管理中的作用，也接纳了员工参加精益管理，这将使工作标准得到提高。实际上，NUMMI 工厂中每个人都在谈论精益管理。为了实现精益管理，劳资双方第一次在工作中携手共同努力。

NUMMI 工厂中的许多员工都曾受聘于通用福利蒙特工厂，后者因缺少竞争力而关闭。这些员工很清楚自己必须生产出更优质的汽车，才能保住饭碗。如果标准化的工作和精益管理能使工厂生产出高质量的汽车，那么他们自然会乐于主动寻求进步。后来，在全体的努力下，NUMMI 工厂当年便取得了极大的收益，而员工也因此得到了远远超出以往额度的奖金。

精益理念　培养全员精益素养

除了物理环境，企业还应重视人文环境建设。其中最基本的就是培养员工的精益素养。

张瑞敏说过："一些人做事有个大毛病，就是不认真，每天工作总是欠缺一点，天长日久，就落下落后的顽症。"这种状况是与精益化截然相反的状态。因为精益化要求我们不断提高自身价值，做事要精益求精。那么，如何才能使员工的个体价值逐步提高呢？这就要求我们具有精益素养，即精益知识和精益精神。

在刚开始推行精益时，我们并不需要多么详尽的精益知识，而是首先培养精益的意识。大野耐一最初导入精益生产时，注重的也不是精益知识，而是精益意识。一个人是否具有精益意识，对精益活动开展的态度会截然不同。在推行精益的过程中，员工可能会表现为四种状态。

推动者：愿意付诸努力，并积极尝试精益活动。

追随者：通常是不计较名利或基于对推动者的信任，能够不折不扣地执行精益措施。

观望者：受各种因素的影响（如先前的失败经验），对精益的举措或效果持怀疑态度，对精益活动持观望态度。

抵制者：由于过于自尊或因个人利益等因素而对精益活动的开展持有敌意，在短时间内难以与之沟通合作。

每个人的内心深处都不喜欢别人对自己指手画脚。只有那些自己亲自选择的事情，人们才会真正地全力以赴去执行。所以，当企业推动精益活动时，一定要确认员工具有基本的精益化素养，这样才会推动员工从真正意义上参与精益，实现精益的全员化。

辅助阅读

与员工达成精益共识

在一开始，丰田生产方式其实并不受员工的欢迎。因为，几乎所有员工的观念都是，丰田生产方式就是在琢磨如何加快速度，催促员工快速工作，而这显然会把人累死。这种敌对的态度代表了大多数员工对丰田生产方式的认识。但是，丰田用它的实际行动破解了这种敌对。

丰田公司并不是一个藏私的企业，相反，它很看重精益思想在全球的推广。为此，丰田决定接管通用汽车在加州关闭的弗里蒙特工厂，与通用共同创立了新联合汽车制造公司，即NUMMI，并试图用丰田方式开展管理。在这个过程中，丰田努力构建员工对企业的信任。

让通用汽车比较头疼的是当地的工会，他们非常激进，劳资冲突严峻。但是，丰田决定让当地工会的特定代表进厂。丰田认为，这些代表是员工中的领导者，而丰田需要有人领导通用的原有员工。丰田把这些代表送到日本的丰田工厂，让他们亲身体验丰田生产方式。在他们改变了对丰田生产方式的看法后，他们说服了工厂里那些持敌对态度的员工，于是，精益思想开始逐步推广开来。

丰田让员工明白，精益生产并不是一种压榨员工价值的工具。为了证明这一点，在通用公司对该厂的订单大幅缩减的时候，他们也没有裁掉一名员工。他们把员工编入改进团队，为他们安排合适的工作。

丰田有一点很明确：维持员工的饭碗是企业的社会责任之一。

在20世纪60年代，美国对进口卡车强制征收30%的附加税。为了避税，丰田决定在美国本地设厂，地点选为加州长滩，工厂命名为TABC。2002年，TABC在长滩庆祝成立30周年。当时，丰田选择将卡车车床工厂迁移到墨西哥，以获得更好的成本优势。因此，这一场庆祝会被认为会是不那么欢乐的。但事实并非如此，因为丰田没有裁掉任何工人。对此，企业方解释说：长滩工厂是30年的老工厂了，但是丰田的管理高层认为，这里的工人表现一直很好。在有限的资源条件下，他们仍然是执行丰田生产方式。如果关闭，对工人们来说是非常不公平的。因此，丰田试图为TABC寻求新的出路。当年6月，TABC工厂庆祝成立30周年，同时与日野汽车公司达成新的合作事业。TABC扩展到制造新型卡车领域。在庆祝会上，公司还表扬了10位一直在该厂服务的资深员工。

丰田用一系列行为表明，精益生产的目标并不是为了裁员，成功取得了员工的信任和支持。

当员工具有精益意识后，掌握精益知识的重要性就会凸显出来。那么，员工可以从哪里得到精益知识呢？

在北美、欧洲和日本，有许多培训机构或场所可以学习到精益知识。中国也已经涌现了大量推行精益管理培训的机构。许多精益企业本身也乐于与客户、供应商共同实施改善。例如，恩福集团曾举行过“三天改善”活动，期间曾有500多名外围公司的人员共同参与其中。并且，也有很多有关精益技术应用的书籍和资料，其内容论述得非常翔实。

由于大多数人并不熟悉精益概念，我们可能需要很多时间去掌握，当然也就需要寻求外界帮助。比如，邀请一批掌握专门知识的专业人员来进行精益知识讲座，邀请专家对产品价值流作出评价，并帮我们展开突破性改善和改善活动等。

另外，只有严格的工作和行为要求，才会使精益知识完全渗透至员工脑中，逐渐成为员工的行为本能。因此，注重精益推行的纪律和激励管理，同样非常重要。

第4章 部门职能协同

德尔福是世界上最大的汽车零部件制造企业，也是支持写《机器改变世界》和《精益思想》的第一家企业。对于执行精益来讲，这家企业相当用心，也确实做了很多工作，可以说，从总部到工厂都在积极推行精益化活动。但是，该企业却在 2005 年宣布破产了。

既然企业如此重视，为什么精益推行却不成功呢？一个主要因素就是精益小组之外的部门或员工缺少支持和配合。也就是说，积极推行精益化的只是精益小组。很多企业虽然在推行精益管理，在车间或某些部门中取得了一定效果，但是其失败却源于未将精益思维贯穿于整个企业中。比如，精益小组在推行“精益”文化，精益口号喊得震天响，但是产品开发人员在产品设计上并没有给予积极支援，而缺少了好的设计，精益生产难以实现；此时，如果供应商提供的材料、零件未达到质量标准或未按时供货，那么也会直接影响着精益化的实现。

所以，精益化的推行必须实现全员参与，需要各部门之间紧密地配合，如生产部积极参与精益现场改善、物流部配合物流规划、设计和运作，设备部推动全员设备管理，质量部门推动全面质量管控等。

企业各部门应该树立一体化思维，以客户价值为导向，跳出本部门的利益局限，从企业的整体角度出发开展经营管理活动。

第 1 节 精益职能体系

不良的职能结构往往对企业的经营管理活动起到制约作用。因此，企业的职能架构也应进行改善，以符合精益的要求。

案例引入 低效的组织结构

Y 企业从企业筹建到产品正式生产历时四年左右，其机器设备都是从德国和日本引进的，可以说其硬件设施在该行业领域内绝对是一流的。在总经理的领导下，该企业设置了销售副总主管市场部；由生产副总主管生产部、动力设备及工艺。在市场部的组织结构层次下，又分别设置了调度室、采购组、仓储物流、销售部，如图 4—1 所示。

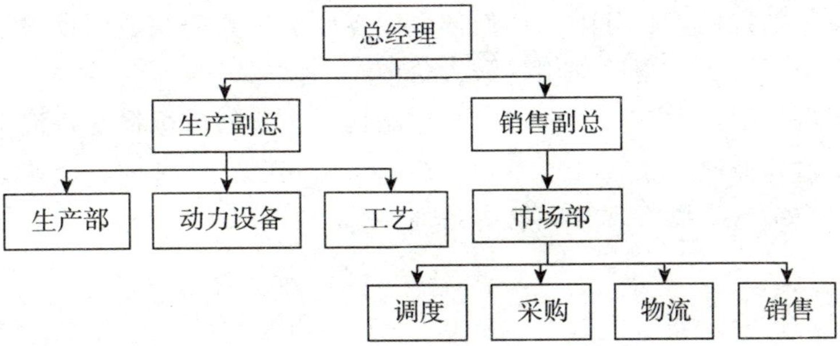

图 4—1 Y 企业的组织结构图

在整体运作过程中，该企业的市场部经理与生产副总、生产部经理之间经常因为原材料的采购进度与质量、生产安排计划与生产进度、产品交期等方面的问题争执不休，后来两大部门间的冲突便成为家常便饭，矛盾冲突愈演愈烈，彼此互不买账，企业的整体运作极不顺畅，内耗严重，管理效率低下，各部门间缺少团队协作，沟通成本、协调成本和控制监督成本无限制上升。

仔细观察图 4—1 和相关说明，我们可以从中发现该企业在组织结构方面存在的巨大问题。

从管理角度来分析，市场部经理根本没有那么多的精力来统筹管理如此多的下属部门；而且各部门之间的跨度较大，使之不仅要面对激烈的市场竞争和同行抢订单以争取更多的市场份额，同时还要对原材料的采购、繁杂的生产安排、生产进度跟踪、仓储出货等事宜进行监管。这样一来，他的工作重心就缺少了偏向性，组织结构的核心功能自然也就无从体现。

从组织结构的框架层次分析，该组织结构中调度组的层级比生产部的层级低了一层，作为下一层级部门的调度组自然无从对上一结构层次的生产部门实施进行作业计划安排与进度跟踪。如此看来，正是企业组织结构在结构层次不合逻辑和管理层与操作层之间的关系不明朗，使监督部门与执行部门形同虚设，无法使部门之间相互协调与相互制约。

当然，该组织结构还存在很多问题，这里就不一一分析了。

精益理念　职能架构也需精益化

具体地讲，组织结构就是组织成员为完成组织目标而在职权、职能等方面的协作与分工模式。企业的管理者必然是在企业的组织管理系统中，依据企业的组织结构所规定的管理职位、权责规范，行使管理权力，履行管理职能。企业建立组织结构的目的是实现企业的长期战略目标，其方式是整合企业的一切可利用资源，对其重新加以协调、分配，从而使之发挥出资源利用的整体优势，最大限度地减少消耗浪费，实现资源利用的最大价值。

上述案例证明，没有科学合理的组织结构，企业的运行将变得混乱无序，同时也滋生了诸如低效率、管理成本增加等一系列问题。这时候，企业必须设计一种科学的组织结构，以实现管理的有效性。

辅助阅读

无序的组织——家族式企业

这种因组织结构混乱而导致企业运行障碍的事例，常常发生在一些家族企业中。很多中国企业正是依靠家族打天下的。在企业创业期，由于家族成员之间的信任关系作为一种节约成本的资源进入企业，来自家族的伦理约束使企业的激励机制和监督机制得以简化。这时，家族企业往往是一种比较有效率的经济组织。

但是，当企业进入成长和发展阶段后，家族式组织结构往往成为限制企业发展的一个瓶颈因素。由于亲情关系的纠缠，家族企业管理者不得不将一些能力不足的亲属安排充入企业组织中，并担任一些要职，事实上却“在其位，难谋其政”；同时，家族规则又无法抑制家族成员的违规行为和内讧，企业管理运作难以梳理，乱作一团……如此一来便导致企业的整体竞争力低下，直至最终走向衰亡。

我们常说："结构决定功能，钻石之所以比石墨质地更坚硬、价格更高，关键在于其结构不同。"组织结构是企业实现战略目标和获得核心竞争力的重要载体，更是企业员工发挥自身优势、追求自身发展的平台。企业组织结构状态决定了企业执行力的高低。只有顺畅、高效的组织结构，才能满足企业需求，帮助企业避免资源浪费，逐步走向精益化目标。

传统组织理论认为，由于管理者受精力、知识、能力、经验等的限制，其管理跨度必然是有限的。所以，企业组织结构的设计必须从多个角度来考虑。

管理学研究理论将组织结构的效度指标总结为 6 个：工作专门化、部门化、命令链、管理跨度、集权和分权、正规化。实际上，这 6 个关键指标也是管理者设计精益的组织结构时必须综合规划的内容。

工作专业化。应该在多大程度上把任务进行分解？即分工的细化程度应该是怎样的？

部门化。对工作进行分组的角度是什么？主要的部门化类型有 5 种，即：职能部门化、区域部门化、产品部门化、过程部门化、顾客部门化。

命令链。员工个体与工作群体向谁汇报工作？它能够回答员工提出的这类问题："我有问题时，去找谁？""我对谁负责？"

管理层次与管理幅度。一位管理者应指挥多少个员工？决定着一个组织要设置多少管理层次，配备多少管理人员。

集权与分权。决策权应放在哪一层级？即各类权限应该进行怎样的分配。

正规化。应该在多大程度上利用规章制度来指导员工和管理者的行为？即组织中的工作实行标准化的程度。

可以说，如果一种组织结构能够很好地实现上述 6 个维度的有效性，那么这种组织就是精益化所追求的有效组织结构。

辅助阅读

组织结构的演变

传统的组织结构类型伴随着组织理论的发展而发展。事实上，组织结构的演变并不代表前一种组织形式被淘汰，只不过在当时的管理环境中，这种组织形式已经不能满足企业管理活动的高效性需求。因此，新的组织结构形式应运而生。即便在今天，上述组织结构形式仍然适用，企业需要根据自身的条件和发展战略选择合适的组织结构形式。

表 4—1 归纳总结了上述五种组织结构形式以及对它们各自的特征和优缺点。

表 4—1　　组织结构形式与优缺点

结构方式	特征	优点	缺点
直线型	每个管理者人员直接管辖其直接下属，每个人也只能向直接领导报告，没有专门的职能机构。	简单、权利集中、责任明确、垂直管理，便于统一指挥。	管理者负担过重，对管理者能力要求较高。
职能型	按职能分工实行专业化的管理，取代直线型结构全能领导的模式，下级员工除了受直线管理者的领导外，还必须接受上级各职能部门的领导。	管理分工较细，便于深入工作，促进职能部门任务的专业化，减轻了管理者的负担。	容易出现多头领导，造成管理混乱。
直线职能型	在直线型组织结构的每一领导层中设置了必要的职能部门，以协助该层次的管理工作。	既保持统一指挥，又加强专业化管理，从而提高管理效率。	下级缺乏自主性；各职能部门不易协调；信息传递较慢，灵活性不足。
事业部制	分权制的组织形式，在公司总部下设置相对独立的事业部，各事业部有较大的自主权。	自主性增强，利于调动积极性；利于培养管理人员；利于最高管理层脱离日常事务。	对管理能力要求较高；增加了管理层次及成本负担；事业部之间的协调欠缺，容易形成本位主义、整体性较差。
矩阵式	围绕专门任务成立跨职能部门的专门机构，既有按职能划分的垂直领导系统，又有按产品或项目划分的横向领导系统的结构。	机动灵活，可随时成立或解散；任务明确，目的性较强，效率较高。	成员从各职能部门调配，有双重领导的特征，管理起来比较困难。

随着管理环境的不断变化，管理学家和企业家们在设计组织结构时考虑的因素也越来越多，组织结构设计的过程也越来越复杂。这种发展的必然性导致的直接结果就是，企业的组织结构越来越复杂。传统的组织结构为企业构建了一个从上而下的庞大控制体系，而其灵活性也随着管理层级的增多、管理部门的增加而减弱，导致尾大不掉的窘境。

另外，由于管理活动变得复杂，管理者忙于应对来自企业内部的各种问题。而在设计组织结构的过程中，他们开始过分关注对下的管控，试图争取主动，使企业按照他们的预期运转，确保稳定。但是，这种做法忽视了顾客的需求，企业提供产品和服务的过程变成了“推式”，不可避免地导致了市场的懈怠。

组织发展的复杂结局使得企业渐渐丧失了竞争力，因此，寻求精益化的组织结构成为企业的新追求，也成为精益管理要考虑的重要一环。

案例引入　流程型组织

“流程型组织”，就是以组织的各种流程为基础规划部门职责、设置部门，决定人员的分工，在此基础上建立和完善组织的各项职能和职权结构。

现行企业大多将组织结构划分成多个细致的职能部门，在这种职能结构组织中运行，流程绩效很低，精益化目标与传统职能组织之间难以有效融合。

而流程管理的根本目的在于维持整体表现，包括管理企业目标、战略和商业流程的关系、管理企业架构、系统和流程之间的结合，以及通过关键商业流程来管理企业表现等，这要求建立与流程导向合体的组织形式，建立以流程为优先于职能部门的组织结构（如图 4—2）。

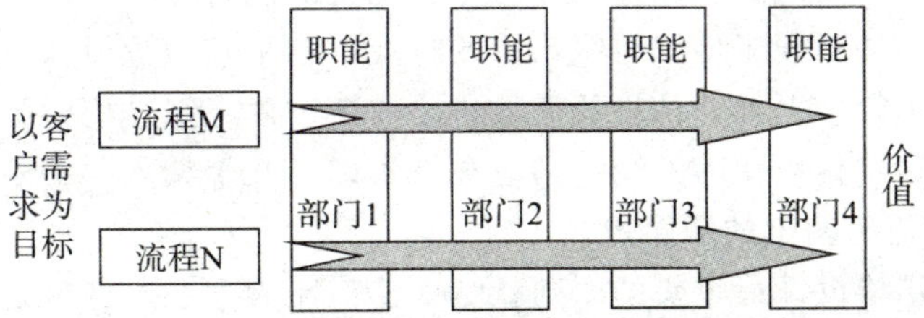

图 4—2　流程高于职能部门组织结构图

流程组织为我们探索精益组织结构提供了一个更为强大和完备的范例。我们可以根据流程来设置职能部门，以流程改进和流程管理为关键控制方法，但是并不以之作为总体管理框架。

在这种流程型组织中，每项工作在各个环节上均有专人负责，同时，上一环节要对下一环节负责，下一环节也对上一环节负责，上下环节彼此互相监督、互相促进，确保工作正确、顺利地完成。图 4—3 是某生产部门流程组织结构图。

流程型组织能够很好地整合职能部门的关系，并实现对顾客的快速、有针对性的反应。流程型组织为精益组织提供了很好的借鉴。

精益理念　组织结构的精益化

波特“价值链”理论认为，企业与企业之间的竞争不仅局限于某个环节的竞争，而是整个价值链的竞争。因此，如果企业能够根据价值链需要来设计组织结

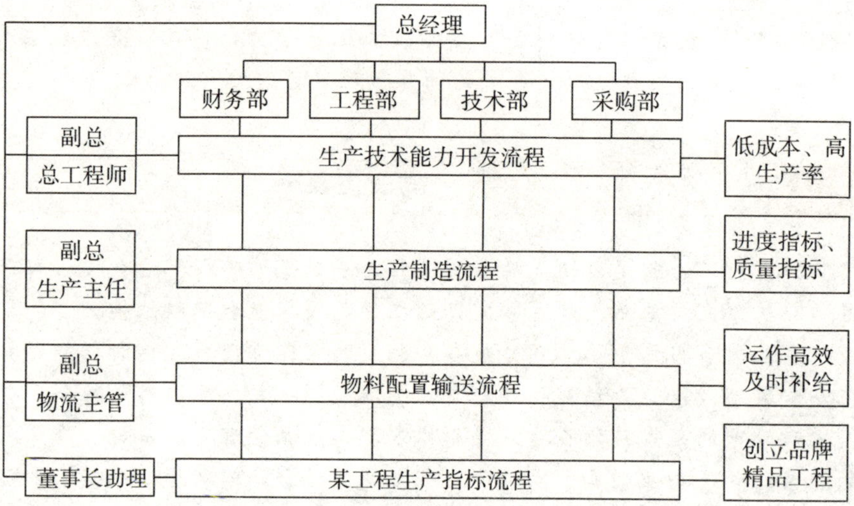

图 4—3　某生产部门流程组织结构图

构，那么将有助于形成企业创造并保持竞争优势的能力。

精益组织结构不同于传统组织结构的特点，就是它以价值流为中心的思考原则。当企业跳出管理框架，从价值流的角度重新审视组织结构时，将会发现一种全新的设计思路。精益化的组织结构应该具备以下几个特点。

1. 以价值流为基础的职能设计

精益组织结构设计最重要的原则就是以价值流为中心，这也是精益管理思想最核心的原则。这一原则要求在设计组织结构时，需要从价值增值的角度审视管理活动的必要性，从而确定每一个部门和层级的必要性，以此进行组织的职能和职权设计。

2. 保持足够的柔性

柔性是精益组织的重要特点。柔性原则要求企业选择机动灵活的管理组织方式，增强组织的应变能力。而要增加组织结构的灵活性，企业可能需要在组织结构的最末端采用尽可能小而精的工作小组或团队，化整为零。在这方面，稻盛和夫的阿米巴变形虫式的经营取得了不错的效果。

辅助阅读

阿米巴结构

在京瓷公司成立 5 年后的 1964 年，为了保持公司的发展活力，稻盛和夫独创阿米巴经营方式。

阿米巴经营是指将组织分成小的集团，通过与市场直接联系的独立核算制进行运营，培养具有管理意识的领导，让全体员工参与经营管理，从而实现“全员参与”的经营方式。

京瓷公司就是由一个个被称为“阿米巴小组”的单位构成。与一般的日本公司一样，京瓷也有事业本部、事业部等部、课、系、班的阶层制。但与其他公司不同的是，稻盛和夫还组织了一套以“阿米巴小组”为单位的独立核算体制。

“阿米巴”指的是工厂、车间中形成的最小基层组织，也就是最小的工作单位，一个部门、一条生产线、一个班组甚至到每个员工。每人都从属于自己的阿米巴小组，每个阿米巴小组平均由十二三人组成，根据工作内容分配的不同，有的小组有 50 人左右，而有的只有两三个人。每个阿米巴都是一个独立的利润中心，就像一个中小企业那样活动，虽然需要经过上司的同意，但是经营计划、实绩管理、劳务管理等所有经营上的事情都由他们自行运作。每个阿米巴都集生产、会计、经营于一体，再加上各个阿米巴小组之间能够随意分拆与组合，这样就能让公司对市场的变化做出迅捷反应。

3. 抑制冗余

企业规模不断发展壮大，组织在不断膨胀。如果企业不加重视，冗余将会成为企业低效率的一大诱因。设计组织结构时，必须赋予组织结构抑制冗余的作用。也就是说，组织结构要精简，尽量采用扁平化的层次结构，严格控制管理架构的复杂程度，以减少组织臃肿、人浮于事的可能性。

总之，组织结构的精益化就是要实现组织的精简、灵活、畅通，从而更好地确保各方面的协调配合，将精益化作为一项全局性的任务来做。

第 2 节 成本管理机制

精益管理中的成本管理并不单纯是财务意义上的成本，而是所有部门都需要考虑的问题。

案例引入 美国西南航空以低成本提高核心竞争力

美国西南航空公司创建于 1972 年，如今已成为美国第四大航空公司，占据了美国国内 25%的市场份额。公司成立的第三年起开始盈利，至今已保持连续盈利40年。那么，该公司的竞争力来源于哪里呢？很简单，就是低成本。

（1）单一机型机队。该公司的机队全部由波音737飞机组成，这样可以减少维护维修和零备件库存的成本，大大降低飞行员的培训成本。

（2）缩短转场时间。西南航的信念是“停在地面的飞机不赚钱”，在实践中想方设法最大限度地提高飞机的利用率。西南航每架飞机每天的平均飞行时间是11.5小时，在机场的转场时间为20分钟以内，其中60%的航班在15分钟之内。

（3）采用单级别舱位。采用单一的经济舱位，增加了机舱座位的密度，从而也就降低了单位成本。

（4）选择二级机场起降。因为，那些拥挤的大机场除了起降费太高外，还经常会出现航班延误。

（5）坚持选择点对点的短程航线。因为，点对点航线则有利于高频率的航班飞行，使飞机有较高的利用率。

精益理念　向成本要效益

向成本要效益，最容易联想到的就是控制成本。从企业管理系统的角度来说，就是企业成本管理。但是，在精益管理中，成本效益来源于消除浪费的核心原则。也就是说，成本不单单局限于生产制造，也不局限于财务上的含义。精益企业要进行的成本管理是更加广泛的、涉及企业各个部门和系统的成本管理。

简单的成本削减显然不是一种理性的成本控制方法。那么，什么样的成本管理才是精益的呢？通常情况下，我们可以选择两种方式，即增加法和减少法。顾名思义，增加法是指通过提高或者增加某种行为获得经济效益，减少法则正好相反。这种分类方式听起来似乎有些不可思议，但是有效的管理完全可以剔除过度的耗用资源，使这两种看起来南辕北辙的管理方式取得同样的成本效益。

以增加的方法来实现低成本

增加法通常有两种，一是改进生产力，二是改进质量。这两种增加的方法都是从技术革新角度来出发的。

1. 改进生产力

当企业仅仅使用较少的资源投入，却能生产出数量相同的产品产出，或使用相同的资源投入而生产出数量更多的产品产出时，这就意味着生产力得到了改进。在这里，“投入”包括人力资源、机器设备和原材料等，而“产出”则指产品、服务、收益及附加价值。

通常情况下，管理者会考虑合理安排生产线上的人数，这样可以降低成本，同时也减少了潜在的质量问题。同时，企业人力资源部也可能借改善活动来抽调人力，将其安排到其他有附加价值活动中。当生产力提高之时，生产成本也自然随之下降。

辅助阅读

格力电器坚持以技术创新降生产成本

面对原材料价格上涨，很多空调生产企业因之无力承受而纷纷为产品涨价。但是，格力集团坚持不涨价。然而，若想在产品不涨价的基础上去谋求利润，那么就必须降低生产成本。

通常情况下，企业会通过规模效应，来消化掉部分成本，但是这还远远不够。于是，格力总裁董明珠提出要实施技术创新，借助新技术使公司各类产品的成本也被不断地予以压缩，公司的毛利率得到提升。在这种思想的指导下，格力在技术创新方面作出了很大的努力。

一方面，格力电器加强了能效提升方面的研究。以格力电器研发的压缩机为例，其能效与同等压缩机相比，要高出 10%～20%，这就减低了成本，提高了效率。基于这方面的创新，格力在 2011 年的营业收入达到 835.95 亿元，比上年增长 37.48%，实现净利润是 52.45 亿元，同比增长 22.67%。

另一方面，格力电器还加强了可替代技术的升级。2012 年，稀土的价格上涨急速。而格力公司通过技术升级，以铁氧系列代替了稀土，实现了变频压缩机的无稀土生产，每台空调节约的成本在一百元以上。如果未来把铁氧再慢慢降低，那么，格力集团在这一方面所节约的成本便可能达到十几亿。

2. 改进工作质量

改进质量会自然而然地带动成本降低。在这里，“质量”是指管理活动或者工作过程的质量。如果企业可以改进工作过程的质量，那么就会使失误率降低、不良品数量减少、返工率降低、交期时间缩短以及资源耗用减少，从而有效降低营运总成本。如果将这项工作落实到生产现场，那么改进质量就可以表现为人员、机器、材料、方法及环境等各方面的优化。

应用案例

海尔集团引进电子化采购模式节约成本

如今，网上购物现在已经不单是个体消费者的消费时尚，许多企业也将其应用到经营环节。2007 年起，青岛海尔设备公司开始运用电子化采购模式，直接淘汰了 22 家不合格供应商，仅一次采购便节约了 475 万元采购成本。

随后，中国 B2B（企业对企业之间的营销关系）研究中心在调查中了解到，海尔自从开始对大量的设备、产品零部件实行了电子采购，采购成本明显下降。这项技术的运用，还有效缓解了全球经济不景气给企业带来的巨大成本压力。有关人士介绍，通过建立网上招标系统，海尔 2007 年的采购成本降低了 5%，每年可节约采购成本 15 亿元以上。

那么，“电子化采购”何以节约了如此多的成本呢？这要从这种采购模式的特征说起。

我们知道，电子化采购是以互联网为平台进行的现代采购模式。在这种采购模式下，采购方企业可利用互联网来传递采购需求、发询价、收报价等信息，大大节省了出差、开会、打电话的费用。与传统招投标模式相比，电子化采购将投标的静态报价转换为动态报价，允许供应商在公平竞争的环境中多次报价，从而能够快速达到采购产品的平均市场成本线。而且，网上竞价采购在保证实时竞争的同时，又能保证各供应商之间的背对背，从而创造出一个真正意义上的竞争环境，使采购方企业能够以最低的采购成本而获得理想的采购质量。

此外，电子化采购可以通过互联网来联接世界上任何地方的企业，采购方企业可挑选的供应商数目和货品种类大增。同时，由于这种配对过程免除了中间商，企业还可以节省出大笔中间业务的成本，从而使采购成本更低。

可以说，借助电子商务系统，企业完全可实现阳光采购，“操作公开、过程受控、全程在案、永久追溯”的管理理念在此系统中被强制执行。目前，运用电子商务系统实施物资采购已经成为海尔集团的重要平台，并且正在为其物资供应管理与优化发挥着重要的作用。

以减少的方法来实现低成本

大多数情况下，管理者往往更青睐于采用降低的方法来实现低成本的目标。降低的方法很多，比如，缩短生产线、减少机器停机时间、减少库存空间或缩短生产交期等。

1. 缩短生产线

生产线越长，需要的作业人员就越多，在制品数量也会增多，生产交期也越长。同时，生产线上出现质量问题的几率也越大。通过改良生产线，减少不必要的生产环节，可以极大地降低各类成本。

应用案例

某公司的不增值程序改善

有一家公司特意对其生产电脑键盘的66道工序，进行了一次调查，调查过程如下：

首先，他们把生产过程中的每一道工序记载下来，以确定要记载的工序，并且每道工序的内容都用非常简明的语言加以记录；

接着，对所有的工序进行了分类，例如，熔断、放置新组件、焊接等为产品增加价值的工序被归为一类；登记测试结果、运去检查、等待箱子装满等非增值性的工序被归为另一类。

经过列表统计，该公司发现：生产电脑键盘的66道工序中，仅有21%的工序是增值的，其余79%是可以被去除的非增值工序，亦即精益生产中的“浪费”。

可见，浪费不能产生增值，但是仍然要被计入生产成本之中，其最终导致企业逐步丧失其市场竞争优势。鉴于此分析结果，该公司立即将“消除浪费”提上了经营改善的日程。

2. 减少设备停机时间

机器设备的停转也会导致生产活动的中断。特别是在批量生产过程中，如果采用了运作不良的机器，那么往往会出现过多的在制品、过多的库存、过多的维修工作，以及受到不同程度损害的不合格产品。这些问题都会增加企业营运成本。当然，制造业以外的行业也存在类似情形。比如，电脑的死机会造成作业延误，停电导致信息丢失等等。

3. 减少库存空间

任何库存都需要占用空间，产生搬运和储存的需求，因此会增加成本。但是，凡是没有销售出去的在制品或产品，就不会产生任何附加价值，反倒占用大量资源，其自身价值也在不断降低。因此，减少库存是精益管理的重中之重。因此，企业的现场改善应致力于物流优化，以消除库存。同时，缩短生产线、降低库存和减少搬运等方面，可以极大地减少对大空间的需求。而这些释放出来的空间，完全可以作为增加新生产线或保留为未来扩充之用。

4. 缩短生产交期

交期是从企业购进材料开始，到企业收回货款为止的时间。因此，交期长度实际上反映了企业资金的周转率状况。如果交期较短，那意味着企业拥有较好的资源周转率，可以更有弹性地满足客户的需求，并且可以使用相对较低的运营成本。

隐藏在交期领域的不增值成本，是实施成本改善的黄金机会。缩短交期时间的工作，主要包括改进订单的回馈率、更好地与供应商沟通、流线化作业以及提高现场作业的弹性等。

应用案例

芬兰某公司模拟排程做计划管理缩短交期

某芬兰公司主要生产房屋的混凝土构建，由于生产订单较多、任务量大小不一，该公司经常不能按生产计划中设定的交期来完成生产，这便导致生产调度人员工作量较大，生产计划较为多变。

为了确定准确的生产交付日期、减少生产过程中的频繁变动，该公司安装了一套模拟排程系统。这套模拟排程系统，能够结合该工厂在上一阶段的生产数据以及在这个生产过程中可能遇到的问题点，自动地计算出当前阶段和下一阶段生产所需的时间长度、部件数量以及工作站点，提供一个较为完善的排程计划。而且，这个排程计划绝不会干扰到当前生产活动的进行，又能根据客户的订单情况做好设备调配、人员统筹等工作。

引进这套排程系统后，该工厂的生产计划变更率下降了15%，生产交期实现率达到100%。

很多人认为，降低生产成本必然会导致产品质量降低。其实，成本与质量有时也可以成为相容并蓄的目标。对于企业而言，无论是在某些范围内实施增加战略，还是降低战略，都是可行的，关键在于从整体的角度寻找节约的方法，而不是把成本管理的责任加诸在某个部门身上。

问题引入　成本控制误区

任何一家企业的运营都需要采购所需资源，如物料、设备或服务等。而任何资源的取得都不是免费的，都必须支付一些成本，如资金或其他某种代价。企业所支付的成本越高，对企业或机构的影响就越不利，因为成本直接减少企业所获得的盈利以及可用的资金等。故而，所有企业都有一个根深蒂固的观念，那就是“全力降低成本”。

但是，这种“成本观”有时又会使我们落入一个思考陷阱：“只要是便宜的，那就是好的”、“越便宜的，越有利”。这种以成本为导向的观念所看重的是支出的“成本”，却疏于对所取得的资源的“价值”加以评估。

其实，成本与价值二者之间并无直接关联。一些价值高的东西我们可能仅仅通过较低的成本即可取得；相反，有时我们却不得不为了价值低的东西而付出极高的成本。

经济学上有一个“效益递减”效应。举例来说，当一个人口渴时，他喝到第一杯水，他会感到很好，这杯水可以让他立即止渴。然后，他喝下了第二杯水，这时候，他会觉得这一杯水没有第一杯可口。接下来他喝了第三杯，这时候他感觉到的是胃有些胀，他会认为这杯水不喝为好。由此可见，他为每一杯水所支出的成本是相同的，但是每一杯水的价值却并不相同。

所以，如果从资源取得的角度来定位“成本”的话，我们会发现，成本远远没有价值来得重要。企业最应该做的就是以最低的成本获得最高的价值，单方面关注低成本并不一定是精益的。

价值或效益的存在可能是有形的物，也可能是无形的，例如，时间、服务的态度或知识等。可以说，企业对于价值或效益的评估往往无法从成本分析中获得，但是却大大受到市场供给和需求条件的影响。所以，企业进行价值评估前必须综合考虑各方面因素，确保价值评估结果的准确性。

当然，在企业日常管理过程中，从前期采购、中期生产到后期服务都涉及成本支出的问题。而企业最为关注的就是尽可能降低成本支出，实现价值最大化。所以，所谓的精益成本控制，其实施核心就是消除一切不增值的浪费。

丰田曾做过这样的成本规划：“把成本降低30%是远远不够的，我们要尽一切可能来降低成本。目标是在现有的基础上再降低50%，目的就是确保20%～30%的利润。”丰田的改善目标是将成本减半，这种成本控制之道一度被人们称道。于是，很多企业也对丰田的做法大加仿效——将开销减少一半，但是收效却与预期差之千里。

细观这些企业的表现，多为压价、裁员等，换句话说，这些企业认为：低成本就是低开销。事实上，这些暴力的压低成本支出的行为虽然具有短期效果，却无法从实质上改善企业的整体成本控制效果。

牺牲质量换取低成本

一些管理者认为企业应追求所有环节支出成本的最小化，只有当各个环节成本支出达到最小，这样才能保证整个价值链的成本最小化。于是，为了实现降低成本的目标，部分企业采取了这样的做法：将众多的供应商召集在一起，向之提出降价要求，如果供应商不答应企业方的要求，则立即中止合作关系。

其实，这是企业在降低成本方面极易陷入的误区。面对这种情况，很多供应商不得不勉强接受下来。但是，他们下一步却将这种无理的要求向自己的上游供应商提出……最后，整个行业链中出现了铺天盖地的降价呼声。

其实，这种做法是不理性的。在企业整体价值链中，各个环节之间都存在着依存性，下一环节的成本管理必须建立在上一环节成本管理的基础之上，但是上一环节的成本最小化并不意味着下一环节的成本也会达到最小化，更不意味着整个价值链的成本也随之最小化。

例如，一些企业片面地追求着在采购环节上成本支出最低，继而所购进的原材料价廉质次。如果单单就采购环节而言，他们确实做到了成本最小化，但是从其他方面来看就会发现这种采购反而增加了成本。因为质量较差的原材料致使生产环节的成本上升、销售部门的费用增加、客户满意度降低，将这些问题汇总，就会发现整个价值链的成本在增大。

其实，尽管企业采购质量较好的原材料会使采购环节的成本上升，但是这样的采购换来的是生产环节的损失下降、销售部门的支出减少、客户满意度提高、企业的品牌增值……得到了企业整条价值链的成本最小化。

我们讲到丰田公司的质量门，就是因为在低成本要求下的急速扩张，导致了质量问题。

裁员式降低成本

有些企业管理者认为精简员工可以降低劳务成本。的确如此。如果企业希望实现最初的盈利计划，那么精简员工可以算是迅速去除赤字最有效的方法。另外，如果某家企业的年度营业数额较前一年的营业数额没有出现大幅度的增长，那么，这家企业就可能会通过裁员的方式，使劳务成本得到降低，从而在年终的会计报表上实现最终盈利目标。

但是，如果一家企业每逢危机情况便立即实施紧急裁员，从另一个角度来看，也是管理者不负责任的一种表现。因为企业完全可以通过其他方式来处理成本削减的问题。

与精简人员的“省人化”措施相比，丰田倾向于更具有创新性、更智慧的“少人化”生产。丰田认为：与其雇用大量的人员，然而在不需要他们之时将其解雇，不如一开始只雇用少量的员工。丰田将这种“少人化”管理作为成本有效控制的基础，如果企业中仍然存在剩余劳动力，那么丰田便会给他们机会，使之发挥自身的创造力，向更高层次的、可以实现人员灵活调动的“活人化”生产发起挑战。

其实，企业对于低成本目标的追求，并非简单地削减成本。单纯地减低开销，很可能影响到作业质量，某些情况下反而可能导致成本上扬。但是，如果企业在原有支出水平下，提高生产力、缩短周期时间、增加生产量并确保产品质量，那么其成本便可以从另一个角度上得以降低，这样的企业成本管理才是最有益的。

精益理念 一体化的成本控制优化

在前文我们列举了从增加和减少两个角度进行成本管理的几种常用手段，在这一部分，我们从更广泛的角度来探讨这一问题。

成本控制过程中容易出现错误的导向，如果企业盲目地从单一角度来降低运营成本，那么往往会带来与预期截然相反的效果。很多优秀的企业往往会采用一体化的方法来实施有效的成本优化控制。比如，IBM 公司很早便提出了“一体化”成本优化控制思路，甚至在新产品设计之初即制定成本目标，并将这一成本目标作为“从产品设计至推广”这一过程中所有成本确定的基础，从整体上实现成本可控目标。

以之为鉴，管理者们可以站在一体化的角度实现成本优化控制。这一点，我们可以从纵向和横向两个维度来展开思路。

纵向的一体化成本控制，是指从供应、设计、生产到出厂等一系列流程来考虑如何实现一体化管理。这一点，其实就是精益管理中的拉动式生产思想。

横向的一体化成本控制则可以从多方面加以考量。比如，部门协调性、质量适宜度、布局合理性、设备寿命周期等都对运营成本产生影响，故而都可以作为企业成本控制的基点。

1. 以有效的部门协调来控制成本

各自为战的企业运营往往会浪费很多不必要的成本，虽然每个部门看起来都达到了成本最小化，但是企业运营的成本总和却始终居高不下。所以，现代企业运营应通过整合所有部门的优势，实现部门之间的协调发展，从整体上控制成本支出。

部门之间的自主协调是在充分调动员工积极性的基础上，使所有员工都能够清楚自身在这个成本控制体系中所担负的责任，“知道自己该做什么，知道自己该什么时候做”，继而明显地减少由于各部门之间的决策和行动不同步而带来的时间延迟和成本损失。

最重要的是，这种协调管理方式强调各部门采取在时间、空间上准确协调一致的行动，各部门之间彼此明确“现在正在做什么工作”、“已经完成了什么工作”和“下一步的工作是什么”，通过一体化管理来降低总成本。

2. 以适宜的质量要求来控制成本

管理者可以将质量控制与成本控制的基本要求作为出发点，对产品（或服务）质量适宜水平控制和质量成本控制加以分析。

质量适宜水平控制：主要是指正确处理质量与成本的关系，力求实现适宜质量与较低成本的最佳结合。对此，管理者应注重对质量成本的控制，强化质量经济分析工作。

质量成本控制：企业可以从不同角度出发，对质量成本进行分类，对不同特点的质量成本进行科学、合理的控制。比如，管理者可以将质量成本的开支范围与归口分级管理制度相结合，实施指标分解工作，再将成本控制任务具体落实到部门、车间、班组甚至个人手中；管理者还可以适当地提高可控制成本（预防成本和检验成本），以期减少结果成本（损失成本）。

当企业通过这种方式确定了质量和质量成本后，企业便可全力提高产品质量的可靠性，尽可能地降低所需要的成本额度，实现质量与成本的最佳结合。

3. 以合理的布局来降低成本

企业运营活动的成本控制，还可以通过战略布局合理化管理进一步得以实现。比如，产品物资调运是在企业运营活动中频繁遭遇的问题。借助一个合理的产品物资调运方案，我们可以将产品物资从产地或存储地发运到需求地，既满足运营需求，又确保总运费最低。一般地说，管理者可以借助两个标准来判别一个物资调运方案是否最优，即观察有无对流现象和是否存在迂回问题。

“对流”是指在同一段运营路线上有同一种产品物资往返运输，呈对向流动。

“迂回”是指若干产品物资的运营路线呈环状，调运产品物资时未选择最短距离。

管理者通过判断调运方案中是否存在对流和迂回现象，即可确定调运方案是否处于最佳状态，确认物流成本是否达到最低。

当然，如果企业试图通过布局来控制成本，那么绝不可忽略对服务设施的控制。也就是说，管理者必须明确如何在保证产品或服务质量的前提下尽可能降低成本支出。通常情况下，增加服务设施或服务人员，会使等候成本大大降低，但又不得不支付对应的服务成本。

比如，仓库的发料和领料之间就存在着这样的矛盾。如果我们将等料费用与发料费用之和视为产品领发费用，那么必须处理好发料费用与等料费用的关系，使这两项费用之和最小化。

4. 以运行良好的设备来降低运行成本

产品设备是企业进行经营活动的重要支持资源，设备运行状态直接影响着企业经营的经济效益。为了确保设备运行状态，除了要加强对设备的维修保养工作外，还应准确测算设备的经济寿命，选择最佳的更新时机。而且，了解设备最佳更新的时机，对掌握新一代设备的开发也非常有益。

由于设备自身的技术性能和使用特征各有不同，所以，确定最佳更新时机的方法也就因机而异。不过，在质量稳定、生产均衡的前提下，我们完全可以借助价值（费用）这个重要的效益衡量指标，将年平均最低费用作为确定经济寿命的基本原则。

通常情况下，使用设备的总费用可以划分为两类：一是设备购置费；二是设备在使用年限内累计的维修费。二者之和便构成了设备运行总费用，再除以使用年限即可得到年平均费用。其中，年平均费用最小的使用年限即为最佳使用年限。

成本控制不是单独某个部门或个人的活动，而是使企业整体运营活动的成本支出实现最小化。所以，成本优化应从各环节、多层面以至于企业运营的全过程加以有效的控制，从而实现整体的成本优化。

第 3 节 精益研发系统

设计研发是一项重要的工作，是确保产品最终价值的关键一步。更重要的是，设计研发也并非靠设计部门和技术人员的单打独斗就可以的，这一过程同样需要企业其他部门的协调配合。

案例引入 丰田公司让技术服务于人

长期以来，丰田公司在引进新技术方面一直处于比较保守的状态。这里的“保守”并非指故步自封、不愿变革，而是丰田的新技术采用必然要经过一个相对缓慢和漫长的过程。

进入 20 世纪后，信息技术发展迅速，企业如果不引进信息技术就会迅速落伍，面临被淘汰的危险。生产制造领域同样如此。丰田公司也引进了信息技术，但是这个过程要相对缓慢。

20 世纪 80 年代初期，计算机辅助设计（computeraid design，CAD）技术被广泛应用于汽车制造领域。厂商们用计算机设计汽车零件，丰田也不例外。但是，丰田只把 CAD 作为一种工具，一切操作都要以丰田的理念和原则为前提。丰田的设计师在工作的时候，会首先考虑这样几个问题：每一个零件组件的特定需要是什么？有什么特定的使用条件？可能的软件选择有哪些？最佳的选择是什么？

在经过这样的分析后，得出的最佳选择往往是低科技的方案。比如说，在分析压制零件的印模时，由于分析技术不够成熟，计算机无法塑造出复杂的零件印模，也不能判断哪一种印模是最好的。而一般的生产厂商会直接使用 CAD 软件对印模进行分析，然后提出一些片面的建议。而这样的分析结果往往会遭到设计师的否决。与之相对的，丰田的设计师会先绘制一张彩色图以显示印模的各个压点。然后，设计师与制造者共同讨论此图，判断其有效性。这种低科技的做法反而比直接使用计算机技术更加有效。

CAD 技术不断发展，众多企业也紧追脚步，不停地改换最新的系统。但是丰田仍然坚守固有的技术。在经过长达两年的细致分析和探讨之后，丰田终于决定采用计算机辅助 3D 互动应用软件（CATIA）。这一软件是世界一流的 CAD 系统软件，被汽车行业广为接受。

丰田在使用新技术的道路上始终不紧不慢，所有的新技术都要经过细致的分析，以匹配现有的工作理念和模式。而这并没有影响丰田的技术优势，因为新技术事先经过了全面的分析和认可，后期的使用很少会出现问题。相反，福特公司曾花费数百万美元，快速地采用了另一种 CAD 软件，但是很快又花费大量资金更换了这一系统。

不得不说，丰田对于技术引进的态度似乎更加精益。

丰田使用新技术有一个基本的理念：技术只能作为一种工具，且必须用于协助员工作业以及生产流程。也就是说，任何新技术必须经过企业各部门和人员的实际检测后才能使用。

在丰田公司最大的复合式工厂元町复合工厂曾经进行过一项提案，一位丰田的信息技术专家向他们提供了一张流程图，上面详细列出了信息的流向，从一部计算机到另一部计算机，从输入到储存到输出。但是马上，这张图被当时的负责人北野三喜退了回去。他这样解释："丰田公司不是做技术系统开发的，而是制造汽车。因此，你应该给我们的是制造汽车的流程图，并告诉我们信息技术如何支持这一流程。"

也就是说，在丰田，新技术被当成辅助人员和流程的工具，被安排在考虑的最末次序。实际上，丰田认为主动进行价值创造的是人员，因此，新技术的角色只能是辅助角色。当新技术的使用妨碍了人员的精益工作时，撤销技术就成了必然的选择。

精益理念　从产品设计开始追求价值

丰田对于技术的认知和一般企业有所不同，它并非一味追求高技术，而是以适用企业，配合人的工作为前提。这正是其他企业应该学习的一种态度。

最好的设计必须能够满足企业、客户双方的需要。但是如果设计与工序、制造、质量管控、客户使用等环节脱节，那么这样的设计无疑是不精益的。

1. 设计与工序能力脱节

这个问题是很多刚刚步入设计行列、崇尚高标准设计的设计人员经常陷入的误区。他们并不了解企业当前具备的工序能力，即企业当前在操作者、机器设备、原材料、操作方法、测量方法和环境等标准条件下的实际加工能力，完全凭借自己的完美设想将设计付诸纸上，但是放到车间后却难以实现。

一位服装设计师郁闷地讲述了他的一款夭折的设计：他设计了一款女裙工艺品，而设计图中的裙领采用特殊的缝制方法，否则难以达到设计图中展现出的效果。但是，该服装厂的缝制师傅中却没人能做到这一点，试缝的几件样品都过于死板，与设计图效果相去甚远。于是，这位设计师不得不暂时将自己的得意设计束之高阁。

设计人员必须了解企业当前的工序能力是否能够让设计实现。比如，生产人员当前的操作能力、质量观念如何，是否可能出现员工在生产制造过程中因个人能力等问题而对设计偷工减料，是否可能出现员工无法达成目标。

2. 设计与制造脱节

物料是产品的重要组成。企业对于成本控制的基础就是物料，如果物料成本过高或难于采购，将给企业带来沉重的负担，或使设计实现存在一定的操作难度。

作为 OEM（代工或贴牌生产）的玩具厂商，镇泰凭借自己的差异化竞争力，在 OEM 厂商中脱颖而出。该企业将战略重心放在了玩具设计研发上，靠自主研发的优势赢得了大量订单。而在企业创立初期，镇泰试图打造的新竞争力却与企业现实之间存在很大的落差。由于设计与制造脱节，使得企业资源浪费惊人、成本居高不下。1997 年，镇泰为一家企业制作“飞天”玩偶，当时每日的加工量达 8 000 件，这对于当年的镇泰而言，无疑是一笔大订单。但是，由于所有原料均需从香港采购，造价昂贵，而设计部门由于计算不精密，与物料采购部门的信息脱节，导致采购了过多的原材料，最后原料被白白地堆在仓库墙角，当年的材料成本浪费达上千万元。

3. 设计与质量管控脱节

产品设计不是设计完即可付诸生产，然后出厂的。整个过程都需要质量管控保驾护航，这才能保证产品质量符合要求。不过，一些人却认为产品设计本身就是正确的，而质量管控应该是针对生产阶段。那些存在先天设计缺陷的产品正是源自这种思想。

一些高科技产品的设计中对环境的要求很高。例如，进行音响调试时，周围环境要求极为安静，否则音响的调试效果将无法达到国家规定的标准。而如果设计者设计的产品需要较高的环境要求，而在企业目前尚不具备这样的环境条件，或者经过调整仍然无法达到要求，那么这样的设计必须予以延迟推行。如果勉强付诸生产，那么产品质量也难以达标。

4. 设计与市场脱节

产品设计的创新性必须符合客户需求。客户对某种产品表现出渴望度并非产品的创新性。所以，产品设计不能只是简单地来自设计者主观认为该创造的新东西。

iPod一度是倡导创新者引以为豪的产品，之所以有大批消费者钟爱它，并非因其是“创新”的，而是因为它能使消费者完成以前无法做到的事——收听和管理自己的个性化音乐专辑。

但是如果产品仅仅为了创新而创新，那么产品设计本身便与市场脱节了。比如，如果超市里出现蓝色番茄酱和七彩可乐，虽然它们的确具有一定的创新性，但是却并非客户非常渴望的东西。而设计者的任务就是设计客户真正需要的产品，并确定企业有能力实现，继而将这种需要的满足转化为客观现实。否则，再“先进”、再“新颖”的设计，也是无价值的。

所以说，产品设计不仅仅是技术人员的单打独斗，而是要充分结合企业各部门和环节的现状，以迎合市场和客户需求为目的的作业。为了实现更加精益的设计研发，企业应该采取哪些支持措施呢？我们接着看下面的内容。

案例引入　波音公司的并行工程

20世纪90年代起，制造业以满足用户需求的新产品尽快上市为赢得市场竞争的第一要旨。传统的产品开发模式由于不能在设计早期很好地考虑产品生命周期中的各种因素，致使设计更改频繁，延误了开发周期、增加了产品成本，使得用户需求得不到很好的满足。

并行过程是集成地、并行地设计产品及相关过程的一种系统化方法。它通过组成多学科产品开发队伍、改进产品开发流程等方法，使企业在产品开发早期阶段，便能及时考虑生产下游的诸多因素，从而达到了缩短产品开发周期、提高产品质量的目标。

早在1990年，美国波音飞机制造公司斥资40多亿美元研制波音777型喷气客机时，便开始建设庞大的计算机网络，来为并行设计和网络制造提供支持。具体而言，波音公司在展开并行工程时主要采取了以下措施。

(1) 多方面培养设计人员，合理配置设计制造团队。其设计制造团队是一个由设计、管理、协调等人员组成的团体，其主要任务是提高可制造性的设计，减少更改、错误及返工，实现设计的一次性成功。

(2) 在产品开发过程中，波音公司专门制定了集成化计划。该计划被应用到了设计、计划、制造、测试、飞机交付等过程中。

(3) 利用 CAD（计算机辅助设计）、DFM（面向制造的设计）等设计工具，保证了并行、协同的产品设计，使设计制造团队得以共享产品模型和设计数据库。

(4) 利用多种分析工具，优化产品设计、制造、保障过程。

借助并行工程，波音公司从 1990 年 10 月开始设计到 1994 年 6 月，仅花了 3 年零 2 个月就宣告波音 777 型喷气客机试制、试飞成功，随即投入运营。在实物总装后，用激光测量偏差，飞机全长 63.7m，从机舱前端到后端 50m，最大偏差仅为 0.9mm。

并行工程通过综合不同部门的人员共同参与设计制造，使得这一过程更具有效率，并且更容易确保结果和质量，因此是一种值得推荐的产品研发方式。

精益理念 集成式设计

一些管理者推行精益管理时往往针对生产过程，其实精益管理并不单单面向单个产品的质量，它还包括从产品设计、制造到客户整个过程实现能力。这就需要管理者为精益管理提供一个集成式保证。于是，集成产品开发模式（IPPD）应运而生了。

推行 IPPD 管理

美国国防部研制试验、系统工程与评价局系统工程副局长马克·思奇在空间与国防工业质量讨论会上提出："今天的质量是面向预防和过程驱动，从而使质量的全部职责由质量专业人员转移到机构中的每一个人……推行 IPPD 的实施强调并行工作和协作精神，从产品设计开始，来自设计、制造、试验、使用和保障等各方面的人员组成多学科的集成产品开发团队（IPT），协同工作，所有人员都要了解产品的总目标和技术要求，统一考虑并共同解决各学科问题。这种管理方法确保测试性、保障性和安全性，从设计一开始就与传统的性能一起设计到产品中去，避免出现'两张皮'的问题。"

IPPD 的实施强调客户参与，从产品设计开始，客户代表便作为 IPT 的成员参与到产品设计中，这样，每一位 IPT 成员都能充分了解客户要求，再将客户要求转换成产品设计和过程的技术要求，并把这些要求设计到产品中。

一些企业在成功地推行 IPPD 管理过程中，专门成立了客户专属团队 CFT（相当于 IPT）。他们设立一个项目经理作为召集人，由来自质量、制造、工程、测试、业务、物料等不同部门的全职为 CFT 服务的人员组成，并将"使客户满意”作为他们的共同目标。

要做好 IPPD 管理，管理者必须做好以下工作。

在产品研发一开始就要树立将质量与可靠性设计到产品中去的思想，在分案设计时就应组织 IPT 团队。

解决如何把技术性、可靠性、维修性、测试性、保障性、经济性、安全性等统一权衡优化、并行设计到产品中去的技术问题。

开展网络化管理，加强可靠性与质量监控工作。

建立 IPT 团队

能否从全局的角度思考产品设计与制造的无缝对接，对最终的产品质量有着至关重要的影响。关于丰田质量门事件，大前研一曾作出如下解释：

“丰田的问题是一种新型的问题，我觉得精益管理的方法并没有出现问题，精益生产并没有出现问题，但是管理的方法出现了问题。有一个车间的工程师可能是 65 岁，这个工程师工作 25 年中，在丰田中做了 20 年，做零件的部分，20 年你可能做同样的事情不断地重复，你变成这个事业的专家了，但是你的视线是局部的，所以在丰田的过程当中，要想有一个人了解这个公司整体的设备是非常难得的。以前一个人做所有的事情，现在是不同的人有自己的专长，要做自己的事情。但是公司在改革的过程当中，必须找到一个人或者是几个人了解整体的设计。面对这次质量事件，他们很难接受，因为每一个部件都非常好，所以这是整体性协调的问题。”

这就需要我们建立 IPT 团队，用来负责产品开发工作，缩短产品的开发周期，并从企业的整个业务流程角度，管理和控制整个过程。它由少量能力互补的人员组成，所有成员被委托以共同的目的、行为目标和工作方法，并相互负责。

不过，IPT 团队的成立也具有一定的前提条件。当一项产品开发任务需要的新知识超过 20%时，或其更新率达到某个百分比时，成立 IPT 来完成产品开发才能够取得预期的效益。对于新型产品开发项目或部分部件改动较大，成立 IPT 来承担相应部件的开发任务是比较合适的；但是如果产品改动较小，则在原有组织框架内解决更好。

IPT 的典型工作阶段包括概念设计、系统层设计、详细设计、测试、改进和产品推出。在每一阶段，IPT 成员的活动，如表 4—2 所示。

通常情况下，IPT 团队按周召开例会，会议按 PDCA 程序进行，即计划布置、具体实施、检查、改进，然后进入下一轮 PDCA 程序。具体做法是：

（1）对照上一次 IPT 会议纪要，检查遗留问题的解决情况，对未完成的工作要找出原因，明确责任，提出新的要求。

表 4—2 IPT 成员在产品开发过程中的活动

工作阶段 工作内容	概念设计	系统层设计	详细设计	测试与改进	产品推出
市场	确定市场空间、主要客户、竞争产品。	开发产品选择和拓展产品系列计划。	设计开发市场计划。	开发升级和发放材料，促进区域测试。	与关键客户一起处理早期生产工作。
设计	调查产品概念的可行性，开发工业设计概念，建立和测试试验原型。	建立可选的产品体系结构，定义主要的子系统和接口，改进工业设计。	定义部件几何尺寸，选择材料，分配公差，完成工业设计控制文档。	进行可靠性试验、寿命试验和性能测试，获得控制方法，实施设计更改。	评估早期生产输出。
制造	预估生产成本，评估生产制造的可行性。	确定关键部件的供应商，进行制造—采购分析，定义装配图。	定义零部件生产，设计工具，定义质量保证过程。	完善制造和装配过程，培训工作人员，完善质量保证过程。	开始整个生产系统的运作。
其他功能	促进经济性分析，调研专利问题。	促进制造—购买分析，确定服务问题。		开发销售计划。	

(2) 由成员汇报上次会议以来各项任务的完成情况，遇到的问题及处理情况。

(3) 对各项任务完成情况进行讲评，对关键性问题进行集体讨论，寻找解决途径。

(4) 对下一周工作做出布置，提出具体要求。

更重要的是，IPT 的内部运作必须有一个不断协调的协同工作环境。每个团队成员代表本专业部门参加到 IPT 中，团队成员之间要了解彼此的工作进度，不断沟通和协调，一出现问题便可随时得到解决。

对于产品开发过程而言，只有通过有效的团队组织和运作，才能够保证开发任务的有效执行，资源的充分使用。可以说，能够履行多种任务、行使内部控制的 IPT 组织形式，远远优于以个人、单一任务和受外部控制为基础的组织形式。而且，团体内部控制比主管的外部控制更加有效，这也恰恰是 IPT 团队确保从设计到制造过程实现高质量、高效率的根本原因。

第 4 节 绩效支持系统

部门管理的一个重要方面就是员工的绩效管理。精益化的绩效体系可以极大地推动人员的积极性，并为企业的人力资源优化配置和长期储备提供了良好的保障。

案例引入 保乐力加的绩效管理体系

2009年，孔仕璋出任保乐力加中国区董事总经理。

当时保乐力加的绩效管理系统在指标设计上存在以下问题：(1) 公司战略与部门、个人绩效目标及考核之间脱节；(2) 绩效目标的设定以及衡量缺少统一的指导原则。上述问题导致保乐力加的企业战略与员工工作脱节，绩效体系无法推动企业目标的实现。

基于上述情况，孔仕璋决心重塑保乐力加中国区的绩效管理体系。

整个项目分如下步骤进行。

第一，梳理公司的关键战略举措，形成公司层面的战略地图，划分了绩效考核的四大维度：财务、客户、内部运营，以及学习与发展。然后在各个维度上又挑选出核心的KPI，分解到各个职能部门。根据各个部门和岗位的日常职责，又确定了一些不同的KPI。这样就确保在各个部门的KPI中，有关员工能力方面的指标是通用的，而另一些与岗位职责相关的指标又因岗而异。

第二，设计合理的绩效考核表格，涵盖了个人绩效、能力发展、企业文化等方方面面的绩效指标。新表格除了要衡量KPI外，还要评价员工能力有无提升，并且约定了KPI与能力之间的考评比重为80∶20。

第三，实施。在落实阶段，人力资源部和项目组通力合作，与保乐力加各部门、各层级的员工进行了大量的沟通。帮助各级管理者深入理解KPI并贯彻到日常工作中，并印发了绩效管理的指导手册，发放给全体员工。

保乐力加的重塑绩效管理项目实施至今，取得了很好的成效：通过绩效指标与战略目标联结，最上层的声音可以传达到基层员工；包括晋升、继任、奖酬等几乎所有HR业务模块都能有事实依据，绩效审核更趋公平。在全球举行的员工敬业度调查中，保乐力加中国区取得了94分的最高分，员工流失率仅为9%，且没有任何一位关键员工流失。

精益理念 协同员工的目标价值

精益管理要求，一切要以客户价值为中心。而员工的一切行为自然是以此为目标的。但是，如何才能保证员工的工作结果对这一终极目标起到的是推动作用呢？这就是我们要说的目标协同管理。

目标协同是指协调不同主体的目标，使之相互促进，实现共赢的活动。目标的协同有重要的意义。在一个企业中，如果员工目标不能与企业的目标实现协同，只是自顾自地发展，这对企业来说是缺乏价值的。

知名的咨询培训公司富兰克林柯维公司的一项研究发现：白领员工的工作时间中，平均只有约 40%花在与公司最重要的目标相关的任务上。只有 56%的员工清楚组织的最重要目标，有 44%的员工不知道做些什么才会对组织最重要的目标有贡献。当一个怀揣梦想的企业家准备带领着一群员工奔跑的时候，回头却发现自己的员工却是踟蹰不前，不知奔向何方，这是一件多么可怕的事情。也就是说，当管理者费尽心力前进的时候，员工做的只是“拖后腿”，这必然会给组织发展带来极大的阻碍。

因此，对员工的作业行为进行管理，协调员工与企业的绩效目标，是实现企业价值，进而实现客户价值的重要举措。而设计一套有效的绩效支持体系非常必要。保乐力加就是通过绩效体系对员工的目标与企业目标的协同，以及员工的职业发展实现了良好的推动。

辅助阅读

KPI 评价体系

KPI 法，即关键绩效指标法（key performance index），是指通过对组织内部流程的输入端、输出端的关键参数进行设置、取样以及计算分析，衡量流程绩效的一种目标量化管理和评价方法。

KPI 法的理论基础是“二八原理”，即一个企业在价值创造过程中，每个部门和每一位员工的 80%的工作任务是由 20%的关键行为完成的，抓住关键就抓住了主体。因此，KPI 法致力于使用关键的绩效指标确保考核的全面性和针对性。

使用 KPI 的主要作用有以下几点。

（1）KPI 为绩效管理提供了透明、客观、可衡量的基础。

（2）阶段性地对个人的 KPI 进行评价和控制，可引导目标的正确发展。

（3）把个人和企业的目标联系起来。

（4）通过定期计算和回顾 KPI 执行结果，管理人员能清晰了解经营领域中的关键绩效参数，并及时诊断存在的问题，采取行动予以改进。

不是随便选择几个指标就可以制定出 KPI 的，设计 KPI 必须遵循几个原则。

（1）目标导向：根据企业目标、部门目标、岗位目标等确定。

（2）关注工作质量：工作质量是团队竞争力的核心之一，要确保考核指标能在一定程度上反映质量。

（3）重点突出：通过抓关键考核指标引导员工的行为趋向组织设定的目标。一般选择 5～10 个比较合适，低于这个水平无法反映岗位的关键绩效水平。

（4）平衡性：涉及跨部门的目标，考核指标要由相关部门共同协商确定。这时指标允许有相关的、交叉的、重叠的或对立的。

（5）具体可操作：KPI 的设计要遵循目标制定的 SMART 原则，否则该项指标就不能作为被考核者的绩效衡量指标。

（6）适应性：考核指标要起到作用，关键在于适用。现在适用，不等于永远适用。考核指标的设计必须着眼未来，根据战略及现实需要，适时作出调整。

案例引入　IBM 公司基于 PBC 系统的绩效承诺

IBM 的企业文化是尊重个人、追求卓越、激发员工的潜能，从而达到高绩效。IBM 的绩效考核体系是以一个称为 PBC（个人业务承诺）项目为中心来展开的。PBC 是一个业绩管理系统，IBM 的所有员工都要围绕“力争取胜、快速执行、团队精神”的价值观设定各自的 PBC。

每年年初，IBM 的所有员工要在充分理解公司的业绩目标和具体的 KPI 指标的基础上，在部门经理的指导下，制订自己的 PBC，并大致说明自己在下一年度中会为实现这些业绩目标而采取哪些具体的行动。这一过程相当于让员工与公司签定了一个一年期的业绩合同。

事实上，个人业务承诺的制订是一个互动的过程，是通过员工个人与直属主管和经理不断地沟通过程中制定的，而不是简单的任务分解和对上级命令的执行。IBM 的这种做法，使员工个人的业务目标与整个部门的业绩目标相融合，进而与公司业务目标紧密结合，大大提高了员工个人的参与感，并调动了员工工作的主动性。

精益理念　用价值目标推动绩效

我们往往会为员工设定工作目标，以此约束并推动员工工作。实际上，这种做法对员工的业绩推动效果是有限的。实践证明，最有效的管理员工绩效的方法莫过于让员工自主实现价值创造。这是精益思想的重要要求。于是，目标价值管理成为一种时尚。

目标价值管理是指以员工自主设计目标、创造价值为核心的管理方法。目标价值管理从自主创造价值的角度出发，对于管理效率和效果的提升具有较好的推动作用。这种方法多运用于松散型、创意型或服务型组织中。

在企业中，价值追求以工作目标的形式具象化，呈现在所有人面前。目标价值管理的核心就是自主创造价值，这种管理方法不再将关注点落在企业所制定的各种有形的目标，而是强调员工自我价值判断和定位，树立自己的目标，并以此推动企业价值的不断扩大。

目标价值管理是对员工个体行为的激励。其实施原则就是，个体具备自主选择价值创造方式的权力。

应用案例

微软的价值管理

微软公司的管理在一定程度上体现了目标的价值管理理念。担任微软前首席技术官的巴特对此颇有感触。52 岁的巴特是在盖茨亲自面试下进入微软公司的，并得到了相当宽松的工作环境。除了盖茨偶尔向他请教一些问题外，几乎没有别的人来打扰他。

“微软也不给我派什么任务，也不规定研究的期限。我可以一门心思地钻研一些我感兴趣的问题。有时，盖茨来问我一些很难解答的问题，比如大型存储量的服务器的整体架构应该是怎样的？像这一类的问题我一般都不能马上回答，而要在一两个月之后才能给他答复，因为我要整理一下材料和思路。”

在这种环境下，巴特既不需要从事繁重的产品开发工作，也不需要进行烦琐的行政管理工作，只是安安心心从事自己喜爱的科学研究即可。大多数时间，他都待在微软的研究院里，即使几个月、一两年都没有研究成果，他的薪金和股份也不会受到影响。

在这种宽松的工作氛围下，谢利、巴尔默、西蒙伊、莱特温等相当一批英才聚集到了微软的大旗下，为微软的发展贡献了巨大的力量。

盖茨的这种管理方法虽然不是完全的目标价值管理，但是允许个体自主追求价值、自主定位目标的基本原则是一致的。

第5章 供应与销售管理

自2000年之后，中国经济从“过剩经济”向“饱和经济”转变，“饱和经济”打破了客户和企业之间的权利平衡。如今，市场上“供”远大于“求”，客户开始拥有话语权。这种市场大环境的巨变，要求企业管理从规模导向调整到客户需求导向上来。

消费环境的变化要求企业的战略起点作出改变。

在过去，中国企业习惯性的价值链战略设计，首先是从企业的核心能力和固有资产开始，找到企业自身的核心竞争力，然后根据这一能力来进行“取舍”，确定企业未来发展的方向。也就是说，是由内而外的设计思路。然而，随着市场环境的变化，买方市场形成导致客户的话语权增大，从客户出发而进行价值链由外而内的设计，成为企业的必然选择。

所以，精益价值链的表现是：以客户为中心，以客户为起点，然后转向核心资产和能力，即：客户→渠道→产品、服务→投入、原材料→资产、核心能力。

在日常管理工作中，有远见的管理者逐步认识到企业外部各环节管理的重要性，并将视线投放在如何提高盈利、降低成本、提高效率、提高创新能力以及应对外部风险等方面，使企业外部各资源、环节有效协调，实现从单纯供应链转变为价值链，从而为企业赢得竞争优势。在这种认识驱动下，企业的价值链管理将逐步从以关注企业内部管理为主，转变为更加关注需求链、供应链、设计链等外部环节的有效融合，由外而内来打造最适合当前发展需求的价值链，以适应新形势下市场的要求。

第 1 节 供应商管理

我们致力于整条价值链的精益化，就不能局限在生产车间或者本企业内部，而应跳出自身框架，站在客户的角度看待问题。因此，我们需要整合从原材料到成品销售再到客户手中为止的一系列过程。而第一步，就是关注供应商管理。

案例引入 丰田汽车的供应链一体化

丰田汽车公司的每辆车大约有 80％的成本是用来采购零部件的，每年在供应商上花费的资金多达 60 亿美元。也就是说，企业的大部分成本花在前期采购上。因此，丰田认为，供应商的情况对丰田来说至关重要。好的供应商才能带来低成本、高质量的产品。为此，丰田着力构建与供应商的良好合作关系。

丰田公司实施采购管理的一项重要举措是“最佳伙伴”项目。

丰田公司与供应商的关系是一种“永久关系”。丰田希望自己与供应商的合作关系能够保持 25 年至 50 年。丰田对供应商的定价策略也不是以往的拼命压价。他们首先会充分了解供应商生产零部件的成本，然后由丰田的采购人员制定出所采购零部件的成本单，根据这些成本单确定“目标价格”，寄给供应商。如果供应商表示异议，丰田公司会派出工程师到供应商的公司，全面检查其生产流程，找出其成本过高的原因。由此，既能取得比较合理的采购价格，也能帮助供应商实现精益改善，降低生产成本。

同时，通过与供应商的长期合作，丰田公司极大地缩减了新产品开发的时间和成本。因为丰田给少数优秀的供应商提供长期合作的协议，因此它们也愿意投入大量资金来满足丰田的特殊需求。丰田会提前把它的“新产品计划/规格”通知供应商，供应商也会为丰田的设计工作提供帮助。它们会为丰田公司提供许多改进质量，更有效地利用零部件的建议，丰田则在分析和测试这些建议的基础上，采纳最有效的建议。

供应链管理的成功，首先必须认识到所有的参与者都有共同的利益。而丰田公司便一直秉承着“合作”的理念，专注于整条供应链的效率，确保这条供应链上的所有企业都能在协作中获利。

精益理念　选择坚实的合作伙伴

供应商始终处于游离于外的状态。其实，企业产品质量的高低与之保持着密切的关系。对供应商质量的忽视，直接导致质量的无从保障。

2004年，广东工商行政管理局的一次桶装水抽样调查结果显示，在广东市场上约有52%的桶装水分别存在细菌严重超标的问题。而通过调查得知，其中30%部分生产商均按照水处理的技术要求进行处理，在处理技术方面不存在太大问题；造成桶装水五成不合格的主要原因，是对供应链上游供水质量的控制不力。一些生产商的流程管理中对上游供水缺少监管，向上游供应商采购原材料时，没有明确的供应链管理规范和质量控制流程，由此导致流程管理链条不完整，而流程和产品质量亦无法保障。

供应管理是流程管理的龙头部分，其重要程度可见一斑。

在精益的过程中，产品的质量问题是核心之一。影响产品质量的除了企业自身的生产技术水平和标准外，最大的影响因素来源于我们的供应商。因此，选择值得信任和依靠的供应商非常重要。

首先，企业应该慎重选择供应商。企业选择供应商的前提是充分审核其资质，而不应以低成本为选择标准。在保证原材料质量的基础上，以合理的成本择优选取。而一旦确立合作关系，企业应该将其作为长期的合作伙伴加以培养，以获得更长远的竞争优势。

其次，开展供应商管理。质量的源头在供应商。企业不应该将自身与供应商孤立开来，而要以整体最优的思路展开供应商管理。比如对不同的供应商企业进行分级，赋予不同的优惠政策等。

应用案例

神州数码公司从供应商管理开始控制质量

供应商管理的核心目的是保证供应质量的稳定性，使供应商能够提供一贯的、符合或超过要求的产品。

神州数码有限公司（简称神码）没有自己的生产线，所有产品均需委托EMS厂商（电子制造服务商）制造，这对供应商的管控显得尤为重要。为了保证供应质量，神码在以下几方面做得非常到位：

对供应商根据重要程度进行分类，并明确企业与供应商的地位关系。对于不同重要程度类别或地位关系的供应商，所采取的策略、方法均不相同，供应商对企业的质量管理参与程度也不一样，如部分重要的供应商可以参与企业的产品设计。

对于强势供应商的管理，基本思路是有凭有据，据理力争，以理服人。也就是说，在生产初期，企业与供应商确定好“凭据”（凭据是双方协商制定的各种规范、标准或发生问题时提供的事实、数据），在生产过程中发生问题时要“力争”，在问题处理结束后要让供应商服气。

另外，对供应商进行定期审查。比如，每个月对现有供应商进行月度评分及制程审核，考核内容包括产品质量、交货准时性、制程审核得分、价格、弹性、响应速度等。连续 3 个月不及格，可以作为 cancel 的对象；每月公布供应商考核前后三名，每年评选优秀供应商，并公布后三名，以此让供应商饱受定期审查的“折磨”。

当然，让供应商饱受折磨的同时，神州数码也会采取相应的关爱措施，让供应商感知到安全感，这也是促进双方和谐关系的前提，同时，也可以使供应商保证供应质量的行为更为主动。

案例引入　戴尔公司兼顾供应商利益

面对制造型企业“降低库存”的要求，几乎所有供应商都处在被动挨打的地位。在这种情况下，所谓的“战略合作伙伴关系”以及与制造型企业的双赢目标，对供应商而言是很难实现的。如果只有制造型企业实现了最大利益，而供货商利益受损，那么这样的供应链最终必定面临解体。因为，在长期利益受损时，供应商可能为自身生存而争取新的供货合作伙伴。但是，这种业务扩展策略却会降低制造型企业产品的市场竞争力，而且有泄露产品商业机密的危险。所以，如果供应链关系缺乏共赢性，那么必然给制造型企业埋下隐患。

为了消除这样的隐患，戴尔公司认为，必须在多方面兼顾供应商的利益，支持供应商的持续发展。为此，戴尔公司采取了以下措施。

(1) 在利润上，不仅要补偿供应商的全部物流成本（包括仓储、运输、包装等费用），还要保证其获得供货总额 3%～5%的利润，这样供应商才能有发展机会。

(2) 在业务运作上，要避免因零库存而导致采购成本上升。制造型企业一般会向供应商承诺长期合作，即：保证一年内的预定采购额。然而，一旦采购预测失误，制造型企业则应把多余的采购额转移到其他工厂中，以减轻供应商的压力，保证其利益。

（3）调动供应链上各个企业的积极性，将供应商的“被动挨宰”地位转变为“主动参与”的角色，从而充分发挥整个供应链的能量。例如，让各地区的供应商同时作为该地区销售代理商之一，这样供应商又可以从中得到一部分利润。

这种战略联盟关系的建立是非常成功的。这从戴尔公司刚实施此战略时便已明显地体现了出来——2002年，惠普公司的PC（个人计算机）部门亏损了14.4亿美元，而戴尔公司的获利却达到19.8亿美元。

精益理念　联合供应商共同精益

丰田生产模式有一个理念，就是与供应商共同精益。为了整体质量的提高，我们的前线后线都应该提升到与自己相应的层次或水平上。差距越小，越能接近我们的要求，为我们提供我们真正需要的原材料，才能保证产品品质更上一层楼。

曾有一个种粮大户，他每年都会把一些优良的种子分发给周边的粮农。有人觉得这是有损自身利益的事情，而他却认为，只有周边环境中的作物都能达到一个比较好的程度，他的新品种才能更加高产。如果周边继续保持低产劣质的作物品种，它们的基因会对他的新品种造成污染，从而降低产量和质量。

同样的道理，企业也应该联合供应商共同提升品质，确保最终的产品质量。为此，企业必须给予供应商相应的授权和帮助。在开篇的案例中，戴尔公司能够赋予供应商适当的利润，是刺激供应商积极性，共同维持高品质的重要方法。

丰田公司也一直致力于与供应商共同成长。

丰田刚开始制造汽车时，并没有足够的资本自行生产零部件，因此，它非常重视选择坚实的供应商作为合作伙伴。丰田公司会把公司的供货商变成家族成员一般，与丰田一起学习精益生产方式并共同成长。

在选择供货商的时候，丰田会先下很少量的订单，如果供应商能够准时提供高品质的零部件和服务，丰田才会继续发出更高的订单，并把它们纳入丰田家族，向它们传授丰田模式。除非供货商出现了糟糕的行为，丰田是不会放弃它们的。

丰田给供货商提出了很多高目标，并激励它们实现改善。丰田公司从供货商那里实时取得零件以组装汽车，然后供货给顾客。它把这当成生产流程的一部分，供应商是组装线的延伸。正因为如此，丰田能够更好地实现准时化生产。

丰田采取许多方法与供应商共同学习。首先，重要的供应商都是丰田供应商协会的会员。它们每年都会聚集在一起分享实务和信息，探讨重要的话题。丰田成立了作业管理顾问部门，发展出了许多研究团体，称为“自主研”，即自主研究调查的团体。这些团体包括资深的顾问和工程师，有五六十个供应商参加。供应商被分成不同的小组，轮流到各供应商公司，进行调查研究，并提出建议，帮助供应商公司进行提升。

丰田还将供应商分为 5 个等级，由低到高逐渐成为模范供应商。如果供应商致使丰田的组装厂有停产的危机，这家供应商就是二级。丰田会派遣一组人员实地勘察该供应商工厂，指导其消除问题。在这时，供应商通常会有一年的“缓期”。

丰田会以非常全面的方法来帮助供应商，而不像大部分企业一样对供应商置之不理。在这样的合作理念下，丰田得以整合供应商的优势，发展自身的丰田生产方式，并使供应商共同进步。

第 2 节　库存管理

库存管理包含两个方面：一是如何确保从供应商处及时取得适量的原料，维持合理的库存水平；二是如何确保按照客户需求及时提供产品，以平衡交期和库存。

案例引入　高得运服饰的订货模式改良

日本运动服饰知名公司高得运（GOLDWIN）公司曾连续两期（2007 年 3 月期和 2008 年 3 月期）出现营业赤字。为了摆脱经营危机，公司严格控制在销售过程中因退货和打折等产生的损耗进而在采购方面改革，降低采购价格抑制不必要的商品流动，以降低物流成本，降低人工费。

为此，公司进行了内部改革，以改良订货模式，控制库存总量。

2007 年冬，公司副总裁大江伸治命令综合企划部经营企划室的紺屋博行，缩减积压已久的库存。紺屋 15 年来一直驻守在意大利，有着非常独特的市场经验。他花费数月，就控制退货量和降价幅度、削减调配成本、节省物流开支等问题进行了深入研究并制定了相应解决方案。2008 年年初，他提出了控制库存总量的方案。

这一方案的核心在于，高得运旗下每个品牌都需根据上一期的实际销售业绩和所剩货尾数量，事先确定这一阶段所应持有的库存量。大江欣然采用了紺屋的方案，并将这一决策强制下达给负责各品牌的事业部部长。紧接着，包括大江、紺屋在内的 30 多名公司高管参加的“订单管理会议”（后更名为“订单流动会议场”）于2008年4月第一次召开。

会议决定商品订单管理和库存管理方面的所有事务，并由大江最终审核批复。以往，商品的订货量都是由各品牌的负责人，即事业部部长决定的。但实施控制库存量的新政策以来，订货的权利就全部集中在了订单管理会议的参与者手中。

在每个月的订单管理会议上，参会成员都需花费数小时，就商品的投放量、库存量、消化率、退货、降价等影响品牌收支的相关数据和资料等进行讨论，一旦发现有异常状况，立即取消订货。改革进展并不顺利。在会议刚开始召开的前两年时间里，大江常常因为下属的不按政策执行而发火，会议上常常弥漫着这样紧张的气氛。

公司还取消了商品的一次性订货。

高得运销售的商品分为夏装和冬装两类。以前，公司会提前半年向工厂下订单，一次性生产所有商品。但是提前半年时间，是不可能准确把握市场的供求关系的，因此就出现了库存过剩、退货堆积如山的情况。

提前半年一次性完成订货是体育用品界特有的商业习惯，这主要是因为这一行每年会召开两次面向下一季的展销会。提前半年发布新产品，在展销会上与客户洽谈，约定订货量，就可以估计所需的库存总量，并向工厂下订单。但客户并不需要承担销售所有商品的义务。但是，“只要展销会一结束，公司里就开始弥漫着一种散漫的气息，似乎一个阶段的工作已经告一段落了。”为了改变这种状况，自2008年春开始，高得运的订货管理开始严格遵循“将第一次订货量控制在计划量的65％～90％”的原则。接下来的量则根据实际销量情况，相应追加。这是一种“为了避免库存过剩而拧紧了水龙头”的订货方式，取得了良好的效果。

随后，高得运公司继续优化这一订货政策。而为了确保有足够的库存满足销售需求，公司采取了共享库存的方法——当某家专柜商品缺货时，便从其他柜台直接调货，从而确保各专柜不会出现缺货。

通过订货模式的改良，高得运公司的库存总量迅速减少，节约了大量成本，利润实现大幅增长。

精益理念　适时适量订货管理

库存会产生大量的成本，精益思想的一个重要观点就是消除库存。当然，由于工业水平的限制和及时供货的基本要求，完全的消除库存是无法实现的。因此，保有适量的库存并进行精益化的管理成为一个重要的课题。

库存管理的第一个主要内容就是订货管理，即在什么时候向供应商取得多少合格品质的原材料。在库存管理中，经济订货量（EOQ）是一个非常重要的定义。在采购管理中，订货量越大，持有成本越高，而订货成本则呈下降趋势。因此，必然有一个订货量，使得总的采购成本最低，这个订货量就是经济订货量。企业在进行订货时，通常是按照经济订货量进行采购的。

然而，精益管理思想对库存管理提出了新的要求，那就是在需要的时候再采购。

精益生产的鼻祖丰田汽车创立了“一个流”作业思想后，一直致力于实现最完美的“一个流”。但是，内部的精益化还需企业上下游的配合，因此，丰田努力寻求方法将供应商纳入了自身的管理系统，在建立长期合作关系的基础上，向供应商提出了准时供货的要求。即在丰田需要零部件的时候向供应商发出供货要求，实施“拉动式”供货管理。

但是，很少有企业能够做到丰田与供应商的高效合作，因此诸如高得运这些企业选择了多次、少量的订货模式，以削减库存。企业可以借鉴，也可以根据自身的特殊情况选择订货方式。但是，精益化的采购管理还需遵循两个基本要求：适时，适量。

应用案例

适时、适量的采购管理

1. 海尔集团的自动化仓库设计

海尔集团在分析企业运营情况时发现，其管理中最受制约的环节就是仓储和配送。于是，海尔集团在黄岛开发区建了一座全自动的立体库。通过建立自动化立体库，海尔集团仓库的租金被压缩。同时，自动化立体仓库还深化了企业物流系统的规划。因为立体库使用的是两翼推动，所以海尔要求所有的分供方按照标准化的模式送货，这样便保证了供应质量和安全。

2. 上海通用公司入厂物流的循环取货

上海通用公司的物流曾处于一个非常复杂的阶段：四种车型共线生产、国产化率不断提高、及时供货供应商增多。这给上海通用汽车有限公司的“入厂一体化”物流管理，提出了更高的要求：保持高度柔性、实现均衡供货、有效装载、杜绝运输浪费等。

随着产量、车型、业务活动范围的增加及企业规模的不断扩大，上海通用公司有必要实施即时供货计划。于是，公司决定采用循环取货方式。这种取货方式将通过整合运送资源和借助其他供应链工具，来支持该公司的精益生产。

通过这个项目的实施，上海通用公司使所有入厂零件和回送料箱都能实现预定式准点、即时取货送货，从而实现了供应链的低成本、高效益运作。

辅助阅读

几种新形式的采购作业流程

除了传统的采购形式，各种新型的采购流程渐渐推广开来。

1. 电子化协同采购

电子化协同采购是指基于信息技术的协同采购理念。电子化协同采购主要包括采购计划协同和采购订单执行协同两个部分。

(1) 采购计划协同。采购计划协同是指企业将自己近期的采购计划定期下达给上游的供应商，供应商则根据采购计划进行生产计划安排与备货。

(2) 采购订单执行协同。采购订单的执行协同是指企业通过互联网下达采购订单给供应商，供应商将采购订单的执行情况及时转达，使企业对采购订单的执行情况有明确的了解，以便及时作出调整。

2. JIT 订单驱动采购

JIT（Just-in-time）订单驱动采购是指供应商在需要的时间里，向需要的地点，以可靠的质量向需求方提供需要的资料。

在传统的采购模式下，需方同供方经过洽谈下达采购订单，供方接受订单后安排协调计划进行加工制造，在这个过程中，需方要不断跟踪，然后检查质量，储存成品在自己的仓库，最后根据订单时间发货到需方，需方接到货物后还要进行一次的检验，然后纳入自己的原料或配件仓库，等生产需用时发送到生产线。换而言之，在传统的采购模式中，采购的目的是为了补充库存，即为库存采购。

在 JIT 订单驱动模式下，需方和供方是价值链上的合作伙伴关系。采购作业通过电子商务，一次性把需方的采购订单自动转为供方的销售订单，质量标准经过双方协议，由供方完全负责任保证，不需要两次检验。由于信息的通畅和集成，采用在需方的 VMI（Vendor Managed Inventory）方式，把供方的产品直接发货到需方的生产线，并进行支付结算，减少供需双方各自分别入库的流程。JIT 订单驱动采购的目的是为了生产线上的需要，同时可以降低采购成本、库存成本。

3. B2B（Business-to-Business）在线采购

B2B 在线采购作业系统是利用网络和信息技术为采购人员提供的一种工具，借助于这种工具，采购人员能够通过互联网在全球范围内即时同其他供应商进行通信和交易，从而快速降低采购成本。一般而言，B2B 在线采购有三种运营模式。

(1) 卖方在线系统。供应商为增加市场份额，以计算机网络作为销售渠道而实施的电子商务系统，它包括一个或多个供应商的产品或服务。使用这一系统的优点是方便容易，能够接触更多的供应商，而且买方企业无需任何投资；缺点是难以跟踪和控制采购支出。

(2) 买方在线系统。这是采购方自己控制的电子商务系统，它通常由内部网络和外部网络构成。这一系统通常是由一个或多个买方企业联合建立的，目的是把市场的权力和架子转向买方。这一系统的好处是快速的客户响应，节省采购时间和容许对采购支出进行控制和跟踪；缺点是需要大量的资金投入和系统维护成本。

(3) 第三方在线系统。独立于买卖双方的第三方在线系统通常也称为门户系统，具体形式又有以下几种。

在线采购代理。第三方采购代理为买卖双方提供一个安全的在线采购场所，另外也提供诸如在线投标和实施拍卖等服务，并把技术授权给买方，使其有权访问供应商。

在线联盟采购。一组不同的客户把他们要采购的相同的产品在数量上加以累计来增加他们的集体购买力，以便获得价格优惠。这种第三方系统由这个资源的临时联盟共同开发和维护。例如，利用门户网站进行企业团购的在线采购系统。

在线中介市场。中介市场由专门的在线采购公司建立，用来匹配多个制造商和多个供应商的在线交易，这是最常见的一种第三方电子商务。

第三方在线系统的优点是采购方不需要大量投入，只需购买第三方的服务，利用第三方提供的技术进行在线采购；其缺点仍然是买方不能对采购开支进行跟踪和控制。

案例引入　日本大和运输公司的准时送货服务

近年来，网络公司市场日益不景气，但电子商务却在持续发“热”。这是为什么呢？原因很简单：市场需要这种通路。在日本各大百货公司都切身感受到来自网络时代的威胁时，日本大和运输公司（Yamato Transportation）却能够大力发展。

目前，大和运输在日本配送业的市场占有率高达四成。自 1998 年底开设“黑猫大队”网站、提供信息服务之后，其业务量更是迅速增长。“黑猫大队”的最大特色就是：它的搜索引擎直接和 2 700 个商家连接，顾客只要通过 60 项商品分类下单后，大和运输便会通过信息资源整合，快速确定取货、送货时间。

通常情况下，大和运输从商家取货后，会及时安排运输资源，确保货物在指定时间内送达；而顾客则可在电脑上实时查询货品的送达时间。

从 1999 年底开始，日本各大零售商纷纷开设自己的网页，为客户提供销售服务。例如，全世界最大的连锁便利商店集团 7-ELEVEn 利用其在全国的 8 000 多家商店提供销售服务，一般顾客在下单后最快 2 天内即可取货。这在过去是不可能实现的事情。而这样的服务速度之所以成为可能，恰恰在于其拥有大和运输的支持。

而大和运输在服务过程中也始终坚持运输服务本身的精益化。在运输过程中，大和运输会综合考虑顾客运输的时间、区域、运送物品数量等，综合性地考虑运输成本等，而后协调安排对应的运输车辆和运输人员等，以便确保准时化服务目标的达成。

同时，大和运输会根据货品类型、大小，提供对应的包装，做好运输过程中的产品安全防护。而运输人员也会在运输过程中小心操作，避免给客户的货品造成损坏，从而确保货品得以安全送达客户手中。

如今，电子商务模式日益生活化，商家和消费者对于准时化运输服务的需求越来越强烈。因此，在消费者直接通过电脑下达订货指令后，如何在限定的时间内将所需物品准时、安全地送达，便成为企业服务中最重要的一个环节，这是精益管理者需要考虑的问题。在这方面，大和运输无疑是整个行业中的先行者。

精益理念　确保准时供货

从现代工业工程的角度看，库存不仅造成资源的浪费，而且造成了企业存在的多种无效作业和浪费。而现实情况是，企业不得不通过维持一定数量的库存来保证生产的正常运作，并快速应对市场变化。为此，企业必须控制最佳的库存量。

很多企业开始从各个角度强化管控，即便是传统上以安全经营为目标的库存管理模式，也在被越来越多的企业经营者质疑。因为，过多的库存总量，使得企业难以迅速回笼资金，而一旦对市场信息失控，盲目加大生产，更会使得库存成为企业的严重负担。

除了从采购方面控制库存的输入外，企业还可以通过控制输出调节库存。在精益管理思想的要求下，满足顾客的准时化配送要求成为控制库存输出的有效方式。为了达到这一目标，企业可以借鉴以下方法。

我们前文提到要联合供应商共同开展供应链管理，除了能够满足及时获得原材料的要求外，还可以促进向顾客配送的准时化。其中典型的做法就是 VMI 管理模式。

应用案例

利用 VMI 模式管理库存

希捷公司是全球最大的磁盘驱动器制造商，年营业收入高达 80 亿美元。为了呼应其需求驱动型供应链策略，希捷公司于 2011 年开始推行 VMI（供应商管理库存）模式。

在过去，希捷公司在制造方面只关注那些能够带来竞争力的关键技术和器件，而那些通用元器件和装配等则由其供应商来负责。而如今，希捷公司的客户开始拥有更为广泛的产品线，产品生命周期也越来越短。由此造成的结果是：希捷客户的需求变化越来越快，却很少提前通知，但是他们仍然期望希捷能够及时和准确出货。

在传统按预测驱动的供应链里，这种需求波动会导致库存过量、库存转移，继而带来物流成本增加、高设施和相关资产投资成本较高等一系列问题。为解决这一问题，希捷公司将供应链策略改为需求驱动型，并开始推行高效率的 VMI 项目。

在这种供应模式中，希捷公司设立了两个 VMI 中心。其中，一个设在希捷公司与供应商之间，被外包给第三方物流机构管理；另一个则设在希捷公司与客户的供应链之间，被称为 JIT 中心，由希捷自行管理。

通过推行需求驱动型供应链策略，希捷的供应链完全由过去的推动模式转变为拉动模式——根据客户实际需求制造和交付产品。

实施 VMI 项目之后，一旦客户发出提货信号，希捷公司便会从 JIT 中心提取产品。当该中心的库存量低于需求预测水平时，JIT 中心会自动向希捷工厂发送信号，而希捷工厂则向其另一个 VMI 中心发出元器件需求信号。而供应商则根据采购需求，交货到 VMI 中心，由 VMI 中心将物料送往希捷工厂生产成品。希捷工厂生产完毕后，会将产品送至希捷 JIT 中心，为客户安排发货。

由于实现了客户订单信息在供应链上的实时传递，希捷公司完全可以根据客户的订单来安排生产计划，这便为生产制造提供了更大的弹性空间，并大幅减少了库存积压量。

另外，建立健全企业的物流配送系统，也是提高响应速度，及时满足顾客提货需求的重要措施。为此，企业需要优化配送链，在确保合理成本的前提下满足精益化的配送需求。

应用案例

伊藤洋华堂的配送中心管理

1993年度，伊藤洋华堂开创了一项利润纪录——实现了经常利润1 000亿日元。这在整个日本流通业中利润水平处于最高水平，甚至比在规模上处于第一位的大荣公司（同年度为240亿日元）远远高出4倍之多。而伊藤洋华堂之所以能够取得如此迅速的发展和良好的经营业绩，主要是因为其确立了独特的经营机制和物流管理模式，这为其高收益提供了足够的保障。

伊藤洋华堂首都圈的店铺供货，全部由伊藤洋华堂自己的配送中心崎玉配送中心和共同配送中心来完成。

在崎玉配送中心的一层，拥有35个货车停车位。每天7时开始进货，一天3次，相当于每天接纳进货车辆100多辆。配送请求上下午各一次，崎玉配送中心也是实施一日两次的商品配送要求。

而发货用的车辆每次达26辆，每天52辆货车实施配送。在小单位的商品物流作业现场中，还有全长3.85千米的传送带。配送中心借助激光扫描器来读取商品标签和条形码信息，不同店铺的商品会通过传送带来流向不同的分拣道口。而在各分拣口的终端处，停靠着承担各店铺配送任务的货车，每辆货车承担3～4家店铺的配送任务，各店铺的平均装载时间为30分钟。

配送中心二楼分拣处理好的商品，会通过传送带，流向一层的物流作业中心；当其与物流作业中心的货物混载后，会根据各店铺的订单分别进行配送。配送中心的备货或配送方式也会根据商品种类而差别处理。伊藤洋华堂还安排了细致的作业时间，从进货、分拣、堆放、配送到统一票据整理都有标准化的时间安排。

可以说，伊藤洋华堂的整个配送体系都以精益为原则进行规划的。这种配送模式帮助其实现了及时化配送，同时又将配送成本降到最低，这些都构成了伊藤洋华堂的核心竞争能力。

不管进货还是出货，企业都要进行现有库存的精益化管理，这是最基本的降低库存管理成本的方法。主要的库存管理方法有定量订货管理法、定期订货管理法、ABC分类管理法等。其中，前两种是通过合理确定订货量和订货时间以保有适量库存的方法，后者则是对现有库存的细致管理。

辅助阅读

ABC 分类管理法

在实践中，并非所有的库存都需要花等同的精力来控制。有些库存太多或太少并不重要，无需密切地监控。此外，在实施新的库存管理系统时，必须确定优先次序，以便管理当局决定控制系统中应该包括哪些库存品目。这方面有一种应用广泛而成功的简便方法，即 ABC 分类法。

ABC 管理法的基本原理是对企业库存按其重要程度、价值高低、资金占用或消耗数量等进行分类、排序。在 ABC 方法中应用的三种分类为：

A 类，高价值品目。占年度总库存价值的 75%～80% 的 15%～20% 的品目。

B 类，中等价值品目。占年度总库存价值约 15% 的 30%～40% 的品目。

C 类，低价值品目。占年度总库存价值的 10%～15% 的 40%～50% 的品目。

ABC 管理法的具体内容是：对于 A 类品目应当加以最严密的监控，要有详细的库存记录，订购量与再订购点的数值要保持精确和随时更新；B 类品目加以一般的控制，订购数量通过 EOQ 来确定，但库存记录、订购量及再订购的数值的更新没有那么频繁；C 类品目加以较少的控制，通常一次订购 6 个月到 1 年的供应量，这样只需要相对较少的控制而库存记录也较为简单。

当然，库存管理的方法还有很多，如零库存方法、寄售方法、自来水式仓库方法、供应商专柜方式等等。企业要根据自身情况，以精益为基本原则，选择恰当的方法，以实现库存成本的降低。

第 3 节　销售管理

价值链的最后一步落在客户身上，而且是除去质量以外最能对客户满意度产生影响的因素和环节。因此，对销售环节的管理进行精益化改进也是非常必要的。

案例引入　**三一集团的服务品牌建设**

对于企业存在的理由，有三种代表观点。最受认可的一种观点认为，企业存在的目的是为了实现包括股东、员工、客户、供应商等所有利益相关者的整体利益适度均衡。

在此基础上，华为公司认为在相关利益者之间，客户应该被放在最优先的位置，没有客户，企业就失去了立足之本。

任正非深知客户的重要性，他曾多次在不同场合向华为人强调："为客户服务是华为存在的唯一理由。客户需求是华为发展的原动力。我们必须以客户价值观为导向，以客户满意度为标准，公司的一切行为都应以客户的满意程度作为评价的标准依据。"

同样，梁稳根从创业伊始就非常重视客户服务，三一集团也建立了"一切为了客户、创造客户价值"的核心服务理念，力求打造服务第一品牌。

营销公司总经理周福贵说："随着工程机械行业的不断成熟，产品设备和服务模式日益趋同，但我始终认为，一个企业中95%的东西都是可以模仿和复制的，只有5%的个性化服务模式无法模仿和复制，而这5%决定了95%的效率和效益。

"三一重工的5%就在于为顾客创造出更大的价值，这也是三一重工和三一品牌的核心竞争力，同时也是三一产品得以迅速占领市场，获得相当高的市场份额的原因所在。"

三一虽然不是首先进入我国工程机械行业的企业，而且还是不受国家扶持帮助的民营企业，但是三一却在自己的不断努力中，当起了工程机械领域的领跑者，树立了该领域客户服务的典范。

三一产品的最大优势和卖点就是为顾客创造价值。三一从技术研发、产品制造，到经营服务的各个方面，都力求提供给客户性价比最高的产品。为了实现为客户创造价值的宗旨，三一制定了一系列的提高客户服务水平的措施，如将一般的4S店发展成为6S店，三一还大力推行三一生产方式，以求提升产品质量，全方位追求客户满意度的提升。

据悉，三一集团自1995年成立售后服务部以来，三一的服务模式经历了三次大转变，尽管竞争对手不断模仿复制，三一始终在服务方面稳居第一。

从派遣专业工程师长期在客户那里蹲守的保姆式服务，到金牌管家服务，2006年更是推出了一站式服务理念：将汽车行业的服务标准运用到机械行业，建立6S服务中心，打造ECC企业控制中心，提供专业化、高标准、一站式的永久服务。

多年以来，三一的客户服务模式推陈出新，成为行业服务标杆，打造了业内知名的"三一金牌服务"品牌。

三一每年的大型服务活动也有很多。

2012年10月，三一越南子公司启动服务万里行活动。8名服务工程师，两个小分队，按南北两个区域，对三一在越南的 235 台设备做一次全面检查，行进里程 10 000 公里。这次服务活动涉及 91 个终端客户，其中中资企业 14 家。三一希望通过各种服务活动，为客户提供最大的便利。

因为三一不断发起的服务活动和其优异的服务质量，三一荣获第七届“中国最佳服务创新奖”。

面对自身规模的不断扩大，三一并没有放松对服务的关注，即使面对竞争对手的不断模仿，三一服务也总能不断开创新模式，引领行业风尚。

精益理念　加强客户管理

企业的盈利来源于客户，客户需求导向也一直是精益管理的核心导向。但是，顾客不只是满足于良好的产品质量，他们还追求优质的服务。在竞争激烈的当今市场，产品差异化程度日渐缩小的现状下，服务成为决定竞争成败的关键。因此，企业整体价值链的优化，还有不可或缺的一个重要环节，就是客户管理。

精益化的客户管理仍然遵循快速响应的基本原则：快速应对顾客的取货要求，快速满足售后维修保养的要求，以及快速响应各种投诉。

在上一节介绍的准时供货机制，就是为了快速应对顾客的取货要求而建立的。下面，我们来看后两个内容。

首先，产品销售给客户并不是销售环节的完成。确定一定年限的保修期已经成为各种企业的普遍做法，而在这个期限内甚至期限之后，企业能否为顾客提供良好的售后服务，也是影响顾客满意度，进而影响绩效的重要因素。精益化的售后服务可以从两个方面开展。一是提供地点的便利，二是高效率。

很多时候，良好的售后服务并不仅仅意味着简单的态度良好或者保持良好的沟通，而在于客户有需求的时候能找得到企业，而不是上天无门，下地无路。要解决这个问题，开设连锁服务机构是明智的选择。

应用案例

便利服务机构

海尔在客户服务上的投入非常大，它也正是凭借为客户提供贴身服务才成功打开了市场。

1995 年，海尔刚推出集洗涤、脱水、烘干三合一的全自动洗衣机的时候，张瑞敏就提出，凡是购买该产品的客户将会享受免费上门安装、调试和现场咨询等服务，号称“海尔国际星级一条龙服务”，这种服务帮海尔获得了很好的市场反应。

1998年，海尔已在全国建立100多个专家服务中心、300多家安装单位、上千家星级服务站等。三一在建立服务机构方面也不惜花大力气。

工程机械有其特殊性，客户不能像汽车那样试驾，体验性能。而且，汽车不只有4S店，到处还有独立的维修店，但是诸如挖掘机之类的机械维修店却是没有的。所以，当工程机械需要保养和维修时，客户往往难以找到解决之法。

为了解决这一问题，三一集团在仿效汽车4S店的经营模式基础之上，引入了6S店的概念，把营销、配件、展示、维修、信息收集和客户培训六个功能集于一体，充分地满足客户的需求。

6S店让客户享受“一站式”服务，有了6S店，客户有问题就有了“投诉”的地方，而且一个地点就能解决众多问题，免了四处跑的辛苦。

有客户曾这样描述三一的6S店：三一的6S店占地有近百亩，其庞大的规模确实令人震撼。仅一个配件功能中心的面积就和一个汽车4S店的整体规模相当。在未来的几年，三一还打算投入20亿，在全国各地建设更多的6S店。

据悉，三一已在全球200多个国家和地区建立了服务办事机构。三一还打造了数百个区域的配件厂，配件仓库的数量为竞争伙伴的1.6倍；配件贮备量是竞争伙伴的1.5倍。遍地开花的服务机构大大地便利了三一的客户。

另外，在客户需要的时候能够及时提供售后服务也是精益化的要求。没有哪个企业管理者喜欢办事拖拉的员工，同样，客户也希望企业能高效率地提供服务。鉴于此，企业应当建立专门的售后服务系统，联合各地的连锁服务机构和服务人员，保证第一时间满足客户的服务要求。

应用案例

华为的及时服务

提到客户服务，华为一直是这一方面的佼佼者。华为人在故障发生后的第一时间就会赶到现场，正是因为这种快速响应的作风，让客户愿意将华为发展为长期、稳固的战略伙伴关系。

1997年初，华为开发的一个新产品在北方某地第一次使用，由于有一台设备出现了故障，就向华为驻当地办事处求援。由于正好赶上办事处的技术人员不在，公司决定派研究开发部的四名开发人员立即乘飞机赶过去，以最快的速度将设备恢复到正常状态。

> 四个人一到办事处，就立即赶赴现场，为了节省时间，他们随便在办事处附近的小饭馆吃了快餐，然后就出发了。到了故障所在地点后，就开始工作。
>
> 几经周折，找到故障所在，几人准备去故障设备地点时，已经是晚上 9 点多钟了。好不容易在凌晨 1 点钟左右赶到县城的时候，却被告知故障设备在 60 公里外的小镇上。大家顾不上休息有连夜赶路，在差不多 3 点的时候赶到了现场。大家赶紧开始维修，让设备恢复了正常。

客户管理的另一个方面是快速响应客户的投诉。诚然，每个企业都不希望出现投诉现象，但这并不代表企业就该无视客户的投诉，不承担责任。

2009 年，惠普 dv2000、V3000 等型号的笔记本电脑集中出现质量问题，引发了中国消费者集体投诉。同年 12 月 17 日，惠普（中国）公司客户支持中心否认惠普笔记本存在任何质量问题。相关人员甚至称，“惠普笔记本出现故障与消费者笔记本使用环境的脏乱差有关”、“我们谁都解决不了的是中国学生宿舍的蟑螂，那是非常恐怖的。”

一位消费者通过自己的亲身经历对惠普电脑质量问题进行了揭露：惠普部分电脑存在着先天性的设计质量问题。

2009 年年初，这位消费者购买了一台惠普笔记本电脑，每次开机时很快就会死机，不得不强行关机重新启动，这位消费者就此找到惠普维修中心。接待人员现场开机，果然出现了死机，但是仍然给出“没有问题”的检测结果。几天后，消费者忍无可忍，强烈要求退换，但是惠普给出的答复是：没有检测出问题，不能予以退换！后来，经由工商部门协调，经销商不得不同意退货。直到此时，惠普维修中心才私下承认：电脑中有一个零件在低温状态下不能启动，所以导致电脑死机。

消极应对客户投诉是非常不明智的选择，既掩盖了问题、形成了质量隐患，还有损企业声誉。这是完全背离精益思想的。因此，企业应该正确认识并处理投诉，迅速解决问题。

案例引入 DR. CI：LABO 护肤的渠道管控

Dr. Ci：Labo（城野医生）株式会社，于 1999 年 2 月由医学博士城野亲德创立。该品牌护肤品的卖点“基于医生的处方”，被称为“药妆”的始祖。随着企业销路的扩展，公司于 2005 年 2 月在东京证券交易所挂牌上市。然而，为了使企业实现有序运作，扩大市场占有率，公司毅然决定改变过去的渠道模式。

随着网上商店、百货店以及药妆店等销路的扩大，Dr. Ci：Labo迅猛发展。2005年2月，Dr. Ci：Labo挂牌上市，但是公司旗下2003年冬季投入市场的年轻品牌“Labo Labo”也在这时发生销售危机，公司仓库中堆满了退货。城野亲德不得不下令召回所有在外库存的“Labo Labo”产品。他决定改变战略，重新赢得市场。为此，他将销售制度的改革交由首席信息官神户聪负责。

神户聪迅速采取措施，开展了改革工作，最终取得了显著的成效。其中最重要的一方面，就是改善企业的网络销售系统。

自2007年起，女性消费者购买化妆品的习惯发生了巨大的变化——年轻女性渐渐习惯直接在网络上购买化妆品。不过，越来越多的消费者选择先在化妆品、美容类网站上充分了解产品的相关信息后再下单。

但是在神户聪看来，Dr. Ci：Labo此前的销售网站枯燥无味，对顾客的吸引力太差。于是，他在销售网站上创建了“大家的心声”这一评价版块，目前已经有大约7万多名消费者在这里交换了意见和看法。公司的网页负责人和研发负责人也参与其中，大家共同探讨解决皮肤问题的方法。

除此之外，神户聪也没有忘记将投入媒体广告的预算进行再分配，匀出一部分经费用于网络广告。随着这些措施的实行，通过电脑和手机网页购买产生的销售额所占比例，从2005年的两成左右迅速上涨到了四成。

神户聪对Dr. Ci：Labo的销售渠道优化，使得Dr. Ci：Labo公司业绩逐步上升。2010年7月，公司经常收益达到75亿日元，同比增长39.1%，企业发展重新回到正轨。

精益理念　营销渠道管理

营销渠道（Marketing Channels）是促使产品或服务顺利地被使用或消费的一整套相互依存的组织，也称贸易渠道或分销渠道。

一般来讲，企业很少与最终消费者直接发生买卖关系，通常会通过代理商、分销商、零售商等进行产品销售。由于涉及多个个体，企业必须对整个营销渠道进行管理，才能实现控制成本、提高效率和绩效的目的。企业可以从两大方面展开这项工作。一是通过建立完善的销售商管理机制，二是设计合理的营销渠道结构。销售商管理的方法主要包括合同约束，激励机制等。我们着重强调营销渠道结构设计这一点。

在手工作坊时代，产品的销售都是生产者与顾客直接对接。随着订单增加，业务量增多，生产商选择集中精力进行生产活动，而销售活动则交给其他人代理。发展到现代，企业规模越来越大，跨地域办公更是常态，在生产商与顾客之间的渠道也被拉得越来越长，出现了二级甚至三级分销商。在复杂的环境中，究竟该如何选择销售渠道成为企业必须考虑的问题。

在分销成为传统的时代，有的企业也选择了回归。比如戴尔电脑，选择了直销的模式，极大地节省了运营和管理成本。戴尔的成功表明，原本为了适应规模扩大而延长的销售渠道渐渐出现了各种弊端，成为企业的利润杀手。企业应该重新审视自身，究竟是设置多级分销商，还是选择直接与消费者对接，才是最精益的管理办法？

另外，随着信息化时代的来临，销售活动从线下转到了线上，即由传统的实体店销售变成了网络销售。现在，几乎所有的企业都有自己的线上销售系统，通过更直观地展示产品和服务，共享买家的交易心得，营造更加时尚和便捷的购物体验。而这时，如何进行线上店铺的管理，如何平衡线上线下的销售工作，成为管理者的新任务。

在精益化的浪潮下，通过消除来自各个层面和环节的浪费，成为企业降低成本、增加企业价值的有效方法。在销售这一环节，企业可做的改善也有很多。

辅助阅读

小米的饥饿营销

说起饥饿营销，人们首先想到的可能会是苹果和小米手机，但饥饿营销并不是乔布斯或者雷军发明的，这种营销方式早已存在于精明的商人们的潜意识里。前一段时间，消费者经常听到五粮液又要涨价的风言风语，说至少再涨 100 元，并且在这之前五粮液刚提价 100 元。但实际上多数零售商供货比较充足，不但未涨价而且有的还在打折促销。但八成以上销售商都“不约而同”表示，“涨价就是这两天的事”。五粮液的销售商们正是利用消费者的心理，在做饥饿式营销。

饥饿营销如果做得不好，会使消费者没有“挨饿”，企业却“饥肠辘辘”。苹果手机“越抢越饿，越饿越抢”，小米手机却面临“是饿是讹”的质疑。同样的营销战略，运用在苹果身上屡试不爽，小米却饱受非议。小米的饥饿营销究竟出了什么问题？

小米科技，全称北京小米科技有限责任公司，由前 Google、微软、金山等公司的顶尖高手组建，是一家专注于新一代智能手机软件开发与热点移动互联网业务运营的公司。2010 年底推出手机实名社区米聊，在推出半年内注册用户突破 300 万。此外，小米公司还推出基于 CM 定制的手机操作系统 MIUI、Android 四核手机、小米手机等。

小米公司正式成立于2010年4月，是一家专注于高端智能手机自主研发的移动互联网公司。米聊、MIUI、小米手机是小米公司旗下三大核心产品。“为发烧而生”是小米的产品理念，也是小米获得成功的主要推动因素之一。

小米所依赖的发烧友通指那些了解市场、产品、趋势的领先消费者，他们通常热衷于追逐最新的产品趋势，他们会花费一个通宵的时间去研究两款手机操作系统的区别，他们会以高昂的话费为代价去尝试新鲜的产品，然后通过发帖、微博或者日志的方式分享给圈内的用户。外行人看来他们是一群疯子，但实际上，这些领先的消费者群体是推动科技进步的新鲜力量。

全球知名传播学大师弗雷特·罗杰斯在其所著的《创新的扩散》一书中指出，优秀的创新总是能首先搞定仅占社会总数2.5%的领先消费者，他们将会通过更高的传播能力帮助产品覆盖13.5%的早期接受者，以及占比高达68%的主流消费者。

小米正是通过提供具有极高的性价比的产品，成功赢得手机发烧友人群的青睐。而这些发烧友通常是他们周围朋友、家人选择手机的重要参考，这种行为间接地推动了小米手机在主流消费人群中影响力的提升。

小米手机借助手机发烧友的力量造势，获得了预期的效果，如果采用传统的广告营销宣传策略，投入的成本和效果可能远不及前者。

不论小米是如何借发烧友的力量推出自己的产品的，毋庸置疑的是，小米如果只是一款价格比较优惠，而外形、设计和功能却毫无新意的产品，即使雷军如何鼓吹，也绝对达不到市场如此热烈的回应。

小米成功的关键，在于它是把其他厂商卖三四千元的智能手机，以前所未有的1 999元销售。小米的“破盘价”成功地满足了消费者以其他品牌中低端智能手机的价格，获得顶尖的智能手机体验，包括处理器、屏幕、内存、电池等重要配置。

此外，小米手机的媒体评测、用户试用体验也十分令人满意，如此一来，消费者的最后一道心理防线也被攻破了，剩下的只是疯狂的抢购了。

现如今，饥饿营销已经变成了小米手机的关键词，或者是因为真实的产能不足，或者是因为营销力量的推动，在正常情况下大多数人无法通过正常渠道买到小米手机。

物以稀为贵，小米的“物超所值”和“存货不足”，引发了消费者的大规模追捧。

然而，陷小米于“讹”争议的问题点也十分困扰消费者。在小米手机出现的前半年时间，备货不足一直是小米手机所面临的问题。产能预估不足导致了产品的大面积缺货，从刚开始的 5 000 台再到最近两批的 20 万台，小米手机似乎永远也满足不了客户的需求，永远缺货，当然这也可能是饥饿营销的选择。

在线业务支撑也是小米的软肋，从第一批小米开抢开始，再到第一批、第二批正式产品的在线销售，永远是伴随着宕机、访问慢、页面出错等各种问题。初始阶段的纰漏可以理解，但是同一个地方多次出现同样的问题实在让人很抓狂。这样的问题，如果小米愿意去解决的话，相信并不会很难。

小米手机留给企业和管理者们的一个重要启示是：想要在一个不熟悉的新兴市场获得快速突破，最好的办法就是毫不留情地彻底打破现有规则。小米手机给企业和管理者们的反面教材是：永远要为你的产品准备足够多的余量，以备用户增长带来的资源消耗。

案例引入　强生集团的危机应对

在企业危机应对方面，强生集团为我们提供了很好的借鉴。

1982 年，美国芝加哥地区发生服用泰诺药片致人中毒死亡的事件。药片中毒导致 3 人死亡。一时间传言四起，死亡的人数也被夸大至 250 人。该事件在美国一时间造成极大的影响。

面对危机，强生集团领导层迅速召开会议，同时提出相应的应对措施。首先，强生公司迅速抽派大批人员对所有药片进行检查。调查发现，在全部的 800 万片药剂中，受污染的药片大约有 75 片。受污染的药剂来源于同一批次，并确定集中在芝加哥地区，不会对全美国造成影响。而且经过核查，此次因药片受污染致中毒死亡的人数为 7 人，远远少于盛传的 250 人。

强生公司仍然按照公司最高危机方案原则，为在短时间内迅速回收此药剂不惜砸下重金，并同时向各医院、经销商发出警报。通过这些措施，强生公司迅速清除了不良影响，并重建了公司信誉。

强生公司面对危机，能够在第一时间迅速积极地应对问题和外界的压力，这样的表现才是一所大公司应该有的姿态。能迅速地处理事故也展现出强生较强的责任意识，而这一切都是与企业的决策者分隔不开的。

领导人不惜斥巨资回收药剂，而不是采用浮于表面的声明公关，也没有在药剂造成的危害实际小于宣传方面多做文章。面对危机，公关或是借口都不是解决问题的办法。承认企业犯下的错误，才能化解危机，挽回企业的形象。这是领导人魄力的展现，也是一家负责任的公司应有的担当。

精益理念　重视危机公关

已经淡出人们记忆的三鹿和蒙牛有很多相同的奶源，三鹿在人们的谴责声中销声匿迹，而蒙牛不但没有受到三聚氰胺事件的不良影响，反而趁机扩大了市场占有率，日益发展壮大，大有超越昔日学习榜样伊利的架势。和强生公司一样，蒙牛对危机的规避源于良好的危机公关。

随着消费者素质的不断提升和社会传播能力的加快，很多原本不为人知的产品质量问题不断涌现，对于企业的质疑层出不穷。在这样的大环境下，企业对于危机的应对方式，将会极大地影响企业的后续发展。因此，危机公关理应受到企业的重视。

危机公关应该遵循以下几个原则：

第一，重视问题，迅速处理。“千里之堤，溃于蚁穴。”危机的发生往往起源于很小的事件，如果企业不能施加足够的重视，必将演变成颠覆企业的大危机。因此，企业应该建立一套危机处理机制，一旦发现问题立即处理。

第二，主动承担责任。在危机面前，任何的申辩都将成为借口，即便过错并非来自企业。企业应该做的就是承担全部的责任，不辩解，着力于问题的分析和解决上。在这种时候，辩驳将会成为挫伤企业声誉的利器。

第三，也是最重要的，真诚地沟通。面对怀疑和责难，企业应该时刻保持与外界的沟通。不要拒绝外界的探寻，直面问题，坦承问题，并表示出解决问题的决心。沉默将会加重公众的怀疑和批判。另外，对于遭受损害的相关人员，必须给予及时的帮助。

总结起来，当企业遭遇公共危机时，规避危险的最好方式就是与政府和社会其他各界一起付出努力，化解危机。要积极主动地承担责任，树立企业在公众心目中的良好形象。危机终将过去，但一些企业此时的表现，会在人们的脑海里留下深刻的印象，并最终影响其商业利益。诸如强生一类能够主动承认错误、承担责任，并迅速着手解决问题的企业可以顺利渡过危机，而一味地抵赖则会摧毁企业在公众心中的形象。

辅助阅读

肯德基的危机管理机制

散落在全球每一个角落的肯德基连锁店，经过 50 多年的危机洗礼，已形成了一套自动的危机管理反馈机制。肯德基在禽流感公共危机中使用了六种管理“武器”。

第一，与媒介沟通，抢占先机。危机中失误的传播，会很快被颠倒黑白，形成流言蜚语，危言耸听，企业面对危机“无可奉告”的答复尤其会产生此类问题，会严重影响企业的形象。肯德基对危机时刻媒体的关注和采访态度实在令人佩服。当记者将采访提纲传至百胜集团总部，半小时后便接到了对方的电话。“现在是我为您服务，我非常愿意为您解答一切问题。”百胜餐饮集团公共事务部总监王群用极其诚恳的语调回答。“9 时 40 分我收到您的采访提纲，在 9 时 46 分我已经给您发过去了三份文件：《肯德基有关禽流感问题的媒体 Q&A》、《关于肯德基危机处理的对外答复》、《肯德基有信心有把握为消费者把关》。”积极主动、正面地应对媒体的危机提问，为肯德基争取了宣传与解释的空间，而不致使谣言四起，有效控制了新闻传播的走向。

第二，提供标准化的声音。面对危机的肯德基，所有来自媒体的问题，都统一由百胜的公共事务部出面安排采访。

第三，应急计划首抓源头。成立危机处理小组是第一反应。危机一旦出现苗头，危机处理小组就开始启动。其组成人员覆盖了危机可能涉及的一切部门，比如销售部、公共事务部等，收集各种信息，如政府出台的有关政策，媒体及社会公众的反应等，并及时对危机造成的影响做出反馈。

第四，向公众传递信心。危机一旦产生，就必须不厌其烦地将必要的细节信息透明化。为此，肯德基专门召开新闻发布会，向公众宣布，世界卫生组织和其他权威机构证明食用烹煮过的鸡肉是绝对安全的。肯德基的所有鸡肉产品全部都经过 2 分 30 秒到 14 分 30 秒、170 摄氏度以上的高温烹制，并立刻将其文字制成条幅，挂在餐厅的每个角落。

第五，日常培训贯彻安全理念。肯德基特别指出，预防危机要从企业创办之日起就着手进行，伴随着企业的经营和发展长期坚持不懈。那种出现危机才想到危机管理，把危机管理当作一种临时性措施和权宜之计的做法是不可取的。长久的营运系统必须考虑危机出现时的情况，并体现在日常操作的基本要求之中。

第六，使用可替代的产品。肯德基认为，越南肯德基之所以推出了鱼类产品，是由于越南政府为控制禽流感而制定了“不允许跨地区运输鸡肉”的规定，所以导致肯德基的鸡肉供应短缺而改做鱼类产品，这完全不是因为鸡肉不安全而进行的改变。

第6章 学习型组织建设

创建学习型组织已经被很多企业认同，有些企业已经把组织了多少次学习活动、发表了多少篇读书感言、组织了多少场培训等，纳入到组织部门的绩效考核中；企业也会为员工开设各种各样的课程，希望提升员工的学习能力和知识与技能水平。

很多人不禁要问，为什么要建立学习型组织？学习型组织能够为企业带来什么？经常组织培训、开读书会的组织就是学习型组织了吗？企业如何根据自身情况打造属于自己的“学习课程”？事实上，真正的学习型组织不等于开会、培训，学习也不是我们的最终目的，而是精益管理思想的基本要求，是企业达到可持续发展的手段。

在建立学习型组织的过程中，企业需要培养员工正视问题的意识，并建立一套规范化、制度化的培训体系，培养员工认识问题、分析问题、解决问题的能力。这个过程并不轻松，很多企业因为没能坚持下去而使建设学习型组织成为一句空话，很多企业也因为不得法而走向精益化的失败。因此，企业有必要进行更加标准化的设计，为建设学习型组织添砖加瓦。

第 1 节　循环改善

学习型组织具体表现为不断发现问题、不断解决问题的循环改善过程。在这一过程中，员工应学习如何发现与分析问题，并不断获得进步。

案例引入　联想集团的学习常态化

联想成功的原因是多方面的，极富特色的组织学习实践，是促使其成功的最关键因素之一。

联想的学习对象分为两大类，一类是企业外部，一类是企业自身。

首先，联想善于从外部学习。这又体现为两点。第一是学习其他企业的优秀管理方法。联想与各大公司展开合作，进行组织发展的同时从对方企业学习到了丰富的市场运作与管理方法，比如惠普、微软、英特尔、东芝等，都使联想受益匪浅。第二是学习其他企业的经验教训。联想非常擅长总结别的公司失败的经验教训，从中进行反思，为自己的经营管理打下“预防针”。正如柳传志所说：“联想今天能与国外厂商竞争到这种程度，确实反复研究过人家的管理方法。”

其次，联想善于总结自身发展的经验教训。柳传志说过：“要想着打，不能蒙着打。”也就是说，要善于总结和思考，不能光干不总结。联想人善于总结，不仅总结“联想是什么”（过去做的工作和取得的成功），而且总结“联想为什么”（主要是总结出规律性的管理经验，用以指导以后的工作，为今后的发展打下基础）。经过数十年的风吹雨打，联想也总结出了自己的一套管理经验和理论。比如一个目标、三步走、五条战略路线、六大事业等经验，建班子、带队伍、定战略的“管理三要素”理论等。

除了学习和总结各方面的经验，联想也建立了自己的组织学习机制，比如开会、教育与培训、议事制度委员会与工作小组、学习保证与促进机制等。我们着重关注后两者。

联想的领导班子议事制度分为三层。第一层是每周一次的总经理晨会。会议用来通报日常工作，部署安排新工作。第二层是每月两次的总经理例会，通报、分析经营中的重大问题和情况，决策发展中的重大问题。第三层是每季一次的总经理沙龙，研讨未来发展战略和公司重大组织管理问题。

在这些会议过程中，所有人把问题放到桌面上谈，要谈得开、谈得透，也要不藏私，把自己的经验分享给别人。这些规则保证了管理层的集思广益，为联想的管理活动提供了很大的帮助。

联想集团内部还存在学习保证与促进机制，有力地配合了组织学习活动。

集团提出了“鸵鸟理论”，即随时都要有自知之明，不要骄傲自大，要看到自己的短处，学习别人的长处，使自己不断得到提升；联想还要求领导以身作则，为员工树立良好的学习榜样，从而带动整个组织的学习氛围；联想还在公司内部设立了专门的信息收集部门，设立热线电话、公开信箱以及公司主页，并创建了内部刊物，用以传播知识和信息。

对联想而言，学习已经上升到了战略的高度。它的成功经验固然值得我们学习，但是，学习型组织的建立不是一蹴而就的，学习的成功也并不会产生立竿见影的效果，选择什么样的方式开展学习，还需要企业对自身状况进行评估。

精益理念　开展有效的学习与总结活动

学习型组织的概念是随着彼得·圣吉的《第五项修炼》一书的出版而为人们所了解的。圣吉解释说：“‘学习’这个词的传统意义比‘吸纳信息’更深刻。它改变个体以使他们制造出他们关心的成果，然后完成对他们来说至关重要的事情。”

圣吉指出，对一个组织来说，愿景、目标、联盟和系统思考都是很关键的。“世界的内部联系越来越多，企业变得越来越复杂和充满变化，工作也就更具有学习的导向。”为帮助管理者了解组织问题背后的结构和动态变化，圣吉为管理者提供了工具和观念框架——学习型组织。圣吉指出，“用简单的话来说，学习型组织就是这样一个群体，其中的每个人都在不断提高自己创造未来的能力。”

我们可以把学习分为几个阶段，第一阶段是企业有组织地学习，让所有员工参与各种各样的培训，员工被动地参与学习。第二阶段是员工自觉地学习，企业里有一个学习的氛围和宽松的环境，鼓励员工积极向上，员工们能够自觉地去学习。有了前两个阶段的潜移默化，才有第三阶段的飞跃，即使企业的学习变成系统化的、流程化的、标准化的体系，从主动学习知识，到主动分享知识，把个体的智慧变成集体的智慧。

为了建设学习型组织，企业需要打造自主学习的氛围，如鼓励员工发表意见，开展经验分享活动，要求员工主动记录问题并进行分析等。

学习型组织帮助企业形成自主学习、不断循环改善的过程，是促进企业整体水平提升，实现精益管理的重要一步。

案例引入　丰田汽车的循环改善系统

松下电器质量控制中心总监伊藤让，在解释质量控制小组缘何能不断地取得越来越好的成绩时这样说道：

我曾参与过一项有趣的质量控制活动，那是关于电视机厂焊接工人的故事。一般来说，工人要在每个加工件上焊接 10 个点，每天焊接 400 件，这样，一天共焊接 4 000 个点。如果他一个月工作 20 天，那就是每月完成 80 000 个焊点。一台电视机大约有 1 000 个焊点。当然，今天的大多数焊接工作都是自动完成的，工人要维持非常低的残次率，每 500 000～1 000 000 个焊接点中发生的错误不多于 1 个。参观电视机厂的人们常常十分惊讶地发现工人在做这么单调的工作时，能够不犯任何错误。让我们想想人类所做的其他的枯燥事情吧，比如说走路。我们实际上一生都在走路，一遍遍重复相同的动作。这是极端单调的动作，但却有人（如奥运选手）专注于比其他人走得都快，这与我们在工厂实施改善具有相似之处。

有些工作可能非常单调，但如果我们能赋予工作一种使命感，朝着目标去做，就可以在一项单调的工作中保持兴趣。

丰田公司能够变成现在这般知名的、精益的企业，花费了一个世纪的时间。丰田公司有一项重要原则：通过不断反省与持续改进，变成一个学习型组织。因此，丰田走的是一条长期的、持续的改进道路。这也说明，精益改善的道路漫长而崎岖，企业必须不断突破自我，不断改善。

丰田生产方式本书融入了 PDCA（计划——执行——检查——行动）的改善循环。丰田利用这一工具辅助创造一个流的过程如图 6—1 所示。

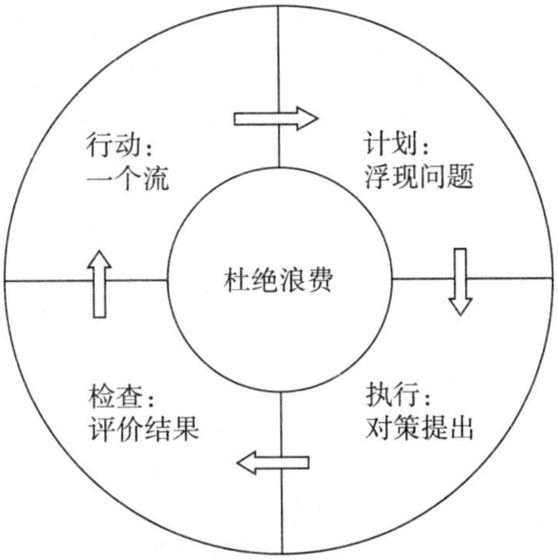

图 6—1　丰田的“一个流”与 PDCA

在这个改善过程中，PDCA 循环是发现浪费、消除浪费，完善一个流的有力武器。

事实上，丰田的 PDCA 应用到很多流程中。在丰田技术中心，每位员工每年都会参加 3 次会议以检查各种方针目标的进展情况。PDCA 中的检查与行动是将计划目标转化为有效行动的重要环节。

精益理念　循环改善系统 PDCA

PDCA 代表了四个英文单词首字母的组合，分别指：

计划（PLAN）。找出存在的问题，通过分析制定改进的目标，确定达到这些目标的具体措施和方法。

执行（DO）。按照制订的计划要求去做，以实现质量改进的目标。

检查（CHECK）。对照计划要求，检查、验证执行的效果，及时发现改进过程中的经验及问题。

行动（ACTION）。把成功的经验加以肯定，制定成标准、程序、制度（失败的教训也可纳入相应的标准、程序、制度），巩固成绩，克服缺点。

这四个阶段又可分为八个步骤分别进行，如表 6—1 所示。

表 6—1　PDCA 循环八步骤

阶段	步骤	说明
计划	分析现状，找出问题。	强调的是对现状的把握和发现问题的意识、能力，发现问题是解决问题的第一步，是分析问题的条件。
	分析产生问题的原因。	找准问题后，分析产生问题的原因至关重要，运用头脑风暴法等多种集思广益的科学方法，把导致问题产生的所有原因统统找出来。
	确认目标。	区分主因和次因是最有效实现目标的关键。
	拟订措施、制订计划。	通过（5W1H）法，即：为什么制定该措施（Why）？达到什么目标（What）？在何处执行（Where）？由谁负责完成（Who）？什么时间完成（when）？如何完成（How）措施和计划是执行力的基础，尽可能使其具有可操性。
执行	执行措施、执行计划。	高效的执行力是组织实现目标的重要一环。
检查	检查验证、评估效果。	“下属只做你检查的工作，不做你希望的工作。”IBM 的前 CEO 郭士纳的这句话将检查验证、评估效果的重要性一语道破。
行动	推进标准化，固定成绩。	标准化是维持企业治理现状不下滑，积累、沉淀经验的最好方法，也是企业治理水平不断提升的基础。可以这样说，标准化是企业治理系统的动力，没有标准化，企业就不会进步，甚至下滑。
	处理遗留问题。	所有题目不可能在一个 PDCA 循环中全部解决，遗留的问题会自动转进下一个 PDCA 循环，如此，周而复始，螺旋上升。

它的起点是分析当前形势，收集数据，改进制订的计划。计划一经确定后，便开始着手实施。此后，还要检查实施过程，看是否实现了预期改进。当试验成功后，还要进行最后一步行动，将方法论标准化，以确保不断地实践新引进的方法，从而带来可持续的改进。

PDCA 循环不停地运转，原有的工作问题解决了，又会产生新的问题，问题不断产生又不断解决，如此循环不止，这就是工作不断改善的过程，也是企业不断学习与进步的过程。

案例引入 大野耐一强调“不隐藏劣质产品”

20 世纪 50 年代，大野耐一提出“将工作中发现的劣质产品放在所有人视线所及之处，绝不可隐藏起来”的要求，并且在丰田工厂里强力推行。

当时，人们普遍认为“出现劣质产品就等于技术不过硬”。一旦出现劣质产品，工人们便会习惯性地将其藏匿起来。故而，无论大野耐一怎样强调“不要隐藏劣质产品”，员工们都不会心甘情愿地去做。

一天，大野耐一到工厂视察生产情况，工人们都聚精会神地埋头工作。突然，大野耐一大声喊道：“这是怎么回事？”声音大得让所有在场员工都吓了一跳。生产小组长赶忙跑过来，大野耐一指着一些被藏在角落里的不合格半成品大声训斥：“为什么要藏起这些不合格品？我已经说过无数次——一旦出现不合格品，就立刻停止生产，并把它们放到通道中，为什么你们不按我的要求去做？”大野耐一气愤地将不合格半成品全部扔到了通道上，反复强调“不要隐藏不合格品，把它们全部放在通道中，让所有人都看见”，并对生产线长给予处分，然后转身离去。

为什么大野耐一固执地要求员工们将劣质产品放在所有人都可以看见的位置呢？

通常情况下，在出现劣质产品时，人们往往会考虑“随后再处理”，然后习惯性地把它们藏在某个角落里。可是，生产线仍然在继续运作，并没有人发觉已经出现故障。由于没有及时采取任何措施，人们在不知不觉中重复着同样的问题，制造着巨大的浪费。即便人们在第二天发现了故障，立刻思考解决对策，但至少也已经让浪费持续了一天的时间。

所以，大野耐一反复强调，一定要将劣质产品放在所有人都能够看见的地方，由大家共同探讨导致问题出现的真正原因（并非表面的原因，而是深层原因）。然后，再共同商榷避免同类问题重复发生的有效方法。

精益理念 将问题暴露出来、循环改善的第一步是暴露问题，找出问题

循环改善的第一步是施行计划，在这之前，我们必须找出问题，才能制订有针对性的计划改善方案。因此，将问题暴露出来是非常重要的理念。正是基于

此，丰田生产方式一直在阐述一个观点：养成“彻底改善摆在桌面上的问题，防止问题再次发生”的态度，这比什么都重要。

管理者心知肚明，员工在问题出现后往往视而不见是非常普遍的问题。这恰恰是改善的难点所在。改善始于问题，更准确地说，是始于人们对当前问题的正确认知。如果改善者对问题的认知度欠缺，那么势必会妨碍其有效地改善问题——要么使改善活动延误，要么使改善成效打折。

改善之难在哪里

通常情况下，人们无视企业问题的行为表现有两种：一是不承认问题；二是忽略或掩盖问题。

先来说第一种表现。在企业中，出于各种原因，人们总是不愿承认自己的行为或工作存在问题。“持续改进之父”今井正明在其所著《改善》一书中写道：

我仍能清楚地回忆起 20 多年前我的第一次销售拜访经历。在结束为期 5 年的日本生产力中心（美国）的工作后，我开始了管理咨询师的生涯，踌躇满志地拜访潜在顾客。

第一个拜访对象是日本露华浓公司。从露华浓（纽约总部）的一位执行官那里，我了解到东京方面的管理者需要得到一些帮助。于是，当时在咨询行业里仍是新手的我，鲁莽地闯入了总经理办公室。在自我介绍时，我开门见山地说：“对于你们在日本存在的问题……”那位美国经理毫不客气地打断了我：“我们在日本没有任何问题。”访问就此结束。

自那以后，我开始变聪明了，再不讨论顾客的“问题”，而是讨论“能带来改进的机会”。

人的本性决定他不想承认自己有问题，因为承认一个问题就意味着承认自己的失败和弱点。就像今井正明所拜访的美国经理一样，生怕别人认定问题的部分原因出在他这里。

第二种表现是忽略或掩盖问题，这是企业管理中最糟糕的情形。

1997 年亚洲金融危机期间，陈久霖被派往新加坡，接手中国航油（新加坡）股份有限公司，先后担任总经理、董事总经理、执行董事兼总裁。陈久霖执掌中国航油期间，除了使公司经营业绩大有起色外，还策划和主导了一系列收购兼并活动，为中国能源企业在海外投资兼并起到了借鉴与指导作用。

2003 年起，陈久霖掌控的中国航油经董事会批准后开始从事石油衍生品期权交易，初期小有斩获。但是，随着美国攻打伊拉克等国际突发事件的发生，国际石油期货价格走势出现变化。

2004 年末，石油期货价格迅速攀升，交易员纪瑞德做出错误判断，出售大量看涨期权（即所谓多头），最终导致 5.5 亿美元的巨额亏损。

为了隐瞒公众投资者，陈久霖指示将公司所持的 11.25%的上市公司股份，折价配售给机构投资者，筹得 1.11 亿美金暗中用于补仓。然而，由于国际油价仍在不停攀升，亏损额不断扩大。

自 2004 年 10 月 26 日起，中国航油在高位全部斩仓，5.5 亿美元的亏损成为事实。2004 年 11 月 30 日，中国航油不得不向当地法院寻求债务重组。

事件被揭发后引起了中国和新加坡舆论的高度重视。在新加坡，中航油事件被认为是自 1994 年巴林银行破产案以来最为严重的一次金融事件。然而，像陈久霖这样的行为在日常管理情境中并不少见。很多人在遇到问题时的第一反应是将问题直接忽略或掩盖掉，而不是直面问题。

人们的这种本能有两个根本原因：一是精神层面的原因；二是物质层面的原因。

精神层面的原因主要是自尊心作祟。通常情况下，人们把犯错或问题视为异常、认为“丢面子”，如果自己的错误被公开展露，并因此受到他人的指责，简直是一件要命的事情。因此，人们通常不会和他人分享问题，而总是不动声色地承担自己的问题。

物质层面的原因，主要是指经济上的受损。伴随着问题的被发现，人们很可能因问题的发生而受到惩罚，导致个人利益受损，这是人们不愿意接受的。

树立正确的问题意识

研究表明，尽管无数企业都希望能够从错误中得到教训，但却总是“难以成行”。一旦牵涉众多利益之争，那么“从错误中总结经验教训”更会成为一件“几乎不可能”的事情。更多的人宁愿花费大把的时间和精力，来为自己的错误作辩护，也不愿意主动坦承自己所犯下的错误，从中学习必要的教训。一些管理者否认问题存在，一些制造工人将问题产品隐藏起来，或是对机器设备的潜在故障不予申报，往往是基于这个原因。而一些企业领导者又经常做出自我辩解的行为，这更使得企业上下无视问题存在的现象愈演愈烈。

对于上述问题，卡耐基曾借《人性的弱点》一书进行了深刻的阐释。书中有一段话非常精辟：“承认错误虽然是件好事，但愿意承认错误的人终究很少。由此，也等于证明，你要别人认错是一件蠢事。”不过，即便如此，人们仍然应该意识到所自己存在的问题。因为，问题是客观存在的，它不因人们的不喜欢而消失。

日本全面质量控制活动中有一个非常流行的词汇，叫作“准缺陷”。准缺陷是指那些不太严重、但也不算正确的事情。然而，即便是对于这类问题，如果置之不理，也可能造成巨大的损失，更何况是那些已有迹象显露、却被人们故意隐藏起来的问题了。

因此，日本企业会提倡并鼓励员工寻找准缺陷，并及时地向管理者或领导者报告；而后者也欢迎员工做出这类汇报，积极地接纳改进的机会，而不会责怪带来坏消息的人——他们为能在问题初露端倪之时发现问题而高兴，因为他们将问题视为“开启秘密宝藏之门的钥匙”。

如今，一些成功者已经开始尝试主动发现问题，并自我纠正。比如沃伦·巴菲特，他曾在2009年致股东的一封信里进行了自我检讨，并给自己提出了一系列行为标准：“2008年，我进行了一些愚蠢的投资。我至少犯一个重大错误，还有一些错误虽然不是太严重，但也造成了不良的后果。此外，我还犯了一些疏忽大意的错误。当新情况出现时，我本应三思自己的想法，然后迅速采取行动，但我却只知道咬着大拇指发愣。”

其实，这类检讨的话不仅应该在企业的董事会上听到，在小组讨论会上也同样应该听到。对问题视而不见，只会让问题自此积聚，直至如火山般爆发；而主动发现问题，却会成为企业改善的起点，取得更大的成绩。

第2节 进行问题管理

为了更好地进行改善，企业应该建立起完善的问题管理体系，帮助改善人员更好地发现问题并解决问题。

案例引入 战斗机防弹改善

第二次世界大战时，美军运输机队在飞越驼峰航线支援中国抗战时，常常遭到日军战斗机的偷袭。C-47运输机只有一层铝皮，日军的零式战斗机在后面紧追，一通机枪扫射，飞机上就是一串透明窟窿，有时子弹甚至能穿透飞行座椅，夺去飞行员的生命。一些美军飞行员在座椅背后焊上一块钢板，用钢板来防弹，在日本飞机的火舌下抢回了自己的性命。

但是，装上钢板的飞机又存在这样的问题：自重增加会使得飞行速度、航程、载弹量都受到影响，同时造成飞行失衡，威胁飞行员的生命安全。诺曼底登陆战中，美军第101空降师副师长唐·普拉特准将乘坐滑翔机实施空降作战。起飞前，有些人自作聪明，在其座位上安装了厚厚的防弹钢板。但由于滑翔机自身没有动力，与牵引的运输机脱钩后，必须保持平衡滑翔降落，而沉重的钢板让滑翔机头重脚轻，一头扎向地面，普拉特准将因此摔断了脖子，成为美军在当天阵亡的唯一将领。

针对这一情况，美国空军找到了数学家亚伯拉罕·沃尔德寻求帮助。沃尔德决定分四步，彻底找出改善对策。

第一步：确认问题。

每天都有成千架轰炸机执行任务，返回时常常损失惨重。如果要降低损失，就要在飞机上焊防弹钢板；但如果整个飞机都焊上钢板，那么飞行速度、航程、载弹量、飞行平衡都会受到影响，同样可能威胁飞行员的生命。

第二步：作出假设。

沃尔德认为可以为飞机安上防弹钢板，在不影响战斗飞行的情况下，保证飞行员的生命安全。他的方法很简单：由地勤技师将飞机上弹洞的位置统计出来，然后自己铺开一张大白纸，画出飞机的轮廓，再在上面补上弹洞位置。

第三步：找出原因。

绘制完毕后大家一看，飞机浑身上下都是窟窿，只有飞行员座舱和尾翼两个地方几乎是空白。沃尔德认为，从数学家的眼光来看，这张图明显不符合概率分布的规律，明显违反规律的地方往往就是问题的关键。原因很简单。如果座舱中弹，那么飞行员会丧命；如果尾翼中弹，飞机会因失去平衡而坠落——只要这两处中弹，那么轰炸机多半无法返回。这也解释了这部分的统计数据一片空白的原因。

第四步：找出对策。

沃尔德提出了一个很简单的对策：只需要给飞机座舱、尾翼这两个部位焊上钢板就行了。这项解决问题的对策挽救了数以万计的飞行员的生命，确保了飞机安全返航。

由此可以看到，只要能找出关键问题，解决方案就容易多了。所以，如何从各种暴露出的表象中找到本质问题，是进行改善的关键一步。

精益理念　聚焦问题本质

找出问题，然后彻底改善——这个过程很长，而实践中，也确实有很多人以“改善是长期工程”为借口，将这个处理过程人为地延长。的确，改善是长期的，但是单一改善活动的周期却需要尽可能的短。对于这一点，我们可以通过快速响应来实现。

为了使精益管理有效运作，企业可以按照生产节拍时间所确定的速度作出响应，比如，重新调整各工作环节的优先权，调整人力资源数量，选择高素质的作业人员等。

应用案例

根据市场需求节拍生产

有这样一家企业，这里我们姑且称之为A公司。A公司市场部对市场需求预测不够准确，而生产部则把生产设备使用率看得非常重要，结果造成大量的产品库存。

如果市场部不能根据实际需求变化来提议适时适量的生产，那么公司很难继续存活。而生产部也渐渐意识到“不变”是不行的，但人们却始终无法跳出“提高机器的开动率最要紧”的陈腐观念。因此，公司库存过剩问题始终未得到解决，导致企业利润一直很难达到预期目标。

为了改变员工意识，公司总经理指示库管员：将长期积压的剩余产品全部运回工厂。当员工们看到那么多的非正常库存时，他们开始意识到“根据市场需求生产”是多么的必要。后来，员工们只有接到市场需求后才会作出响应，实施弹性生产，非正常库存终于得到了解决。

总之，我们要选择合适的响应速度和响应方法。不当的响应不但不能解决当前的问题，反而可能使问题更严重。

提高响应速度是为了能对问题做应急处理，这对于解决常规问题或者小问题是比较重要和充分的做法。但是，带来巨大损失隐患的还是那些非常规的问题，这时，就需要回归问题的本质。

当我们遇到问题时，一定要仔细地分析问题，透过表面现象去寻找背后隐藏的更深层次的根本性问题，然后有效地分析问题产生的根源。我们需要判断真正的核心问题点。在寻找问题的发生根源时，我们通常需要经过以下的步骤：界定、衡量与处理。

1. 界定问题点

在遇到问题时，我们首先要界定问题点的来源。例如，企业在事先约定的交货期内不能发货，无法完成对客户的承诺。在这种情况下，我们的首要任务就是界定问题点究竟出在哪里。

在分析问题来源的过程中，可能涉及相当多的部门。此时，我们需要明确：界定问题的目的绝不是推卸责任，寻找替罪部门，这对查找问题的真实原因毫无助益。我们要做的是彻底寻找问题产生的根源，为下一步更好地衡量、分析和解决问题打下基础。

2. 衡量问题具体情况

界定问题点之后，我们要根据调查数据，衡量生产过程中每一个部门对问题的处理情况。在安排生产日程时，更要仔细审定是否存在标准的数据和工时，以及生产日程安排后的合格率如何。现场达成的合格率，与材料供给情况、设备运作故障等因素密切相关。只有通过数据衡量、统计和分析，我们才能发现问题的出现，是因设备故障、材料供给不足，还是其他原因。

3. 针对性地处理问题

只有我们真正弄清了问题根源时，我们才能进行更有针对性地解决问题。例如，交货期延误可能是因为材料供应商本身的交期延误，随之造成了生产线上的延误，从而最终导致对履行客户承诺的延误。这样一来，我们在处理问题时便更有针对性。

这也是我们一再强调"回归问题本质"的原因。因为只有找出诱发问题的真正因素时，我们才能卓有成效地制订彻底、完善的改善计划或方法，降低类似事件的发生频率，或者在将来出现类似问题时能及时地采取有力的控制措施。

分析问题的方法有很多，常用的有 5WHY 分析法、鱼骨图法等。企业可以自行选择适宜的方法。

辅助阅读

丰田的 5WHY 分析法应用

在问题分析管理中，5WHY 分析法是一种极为常用的分析法。这种方法最初是由丰田佐吉提出的；后来，丰田汽车公司在发展完善其制造方法学的过程之中也采用了这一方法。

大野耐一总是习惯于在车间走来走去，停下来向员工发问。他反复地就一个问题，问"为什么"，直到回答令他满意，找到问题的真正源头为止。在丰田公司内部有这样一个关于使用 5WHY 分析法解决问题的例子，如表 6—2 所示。

表 6—2 用 5WHY 分析法探查原因

问题层次	原因分析	不同层次的解决对策
问题表现	工厂地板上有漏油	清除地板上的漏油
为什么？	因为机器漏油	修理机器
为什么？	因为机器的衬垫磨损	更换机器衬垫
为什么？	因为机器衬垫质量不佳	更换衬垫规格
为什么？	因为衬垫价格比较便宜	改变采购政策
为什么？	因为企业以节省短期成本作为采购部的绩效评估标准	改变企业对采购部的绩效评估与报酬奖励制度

从表6—2中，我们会发现，需要解决的核心问题是现场出现漏油，每一个“为什么”都会引领我们深入问题根源。而每个为什么对应的对策完全不同，这完全是视挖掘的深入程度而定的。例如，清除漏油只是在出现更多漏油之前的临时性解决措施；修理机器是一种稍显长远的解决措施，但是，机器的衬垫会再度发生磨损，导致更多油出现渗漏；如果更换衬垫的规格，则可以解决衬垫的问题，不过，仍然有更为深层的原因尚未排除。采购部之所以以低价采购质量较差的零件是起因于企业的绩效评估标准。因此，唯有改变这种奖励制度才能有效防止更多类似问题的发生。

大野耐一的这种方法逐渐成了丰田人的工作习惯，并逐渐成为一种著名的现场诊断技术，即“5WHY分析法”。

美国杰弗里·莱克曾在访问丰田技术中心前副总裁冈本雄一时请教丰田公司产品发展制度的成功秘诀。冈本雄一回答：“我们的技巧就是严格执行5WHY分析法，就是问5次为什么。”

很多人听了这个回答之后，都感到非常惊讶，然而这却是一个不容置疑的事实——正是基于丰田人对5WHY分析法的理解，对问题的深入探究和思考，使得丰田公司能够达到行业领先的高品质水平。

为了提高管理精益化水平，我们除了在这些实际操作上下工夫外，还要关注精益管理的创新，比如建立提案管理制度。

案例引入　松下幸之助的全员经营

有人曾评价称，松下幸之助提出的“集思广益的全体员工式经营”、“员工的主人公精神”、“在生产产品之前，首先要育人”等七条经营理念，其中每条都包含了“以人为本”的理念。企业经营中最核心的机密，松下幸之助都会向员工公开，全部交给员工。在他看来，企业的生存和发展离不开每个员工的同舟共济，要使得员工的能量发挥到极致。

松下幸之助向员工灌输所谓“全员经营”、“群智经营”的思想，即：松下电器的经营，是“用全体员工的精神集结成一体的综合力量进行经营”；同时，建立提案奖励制度，不惜重金广泛征求员工的建设性建议，以此大大增强公司的凝聚力。

松下幸之助曾说：“当我看见员工们同心协力地朝着目标奋进时，不禁感慨万分。”他一直提倡“社长替员工端上一杯茶”的精神。他认为，社长不一定真的亲自为下属倒茶，但只要能诚恳地把心意表达出来，便可以使员工感到精神振奋。

在这种经营理念的引导下，松下电器中每位员工都切实把公司的事情当作自己的事情来做，全公司没有上下级之间的明显界限，谁有了好想法就提出来，然后大家共同讨论将想法付诸实践。

松下说：“如果员工无拘无束地向科长提出各种建议，那就等于科长完成了自己任务的一半，或者是一大半；反之，如果企业里一片唯命是从的局面，那只会使企业走向衰败。”

当员工提出合理化建议后，松下公司无不认真对待。公司会将这些建议按成效分成 9 个等级——对有的建议作出表扬，对有的建议作出奖励，对贡献大的建议给予重奖。总之，每一项建议，都会很快得到满意的反馈。

而松下公司采取上述措施的初衷就是，引导员工把公司的事业看成“自己的事业”，从而燃烧起自己的热情，把“首创精神”用于工作，“产生无法想象的伟大力量”。

通过倡导“全员参与企业经营”，松下公司真正实现了“上下同欲”，而其取得的实践成果也恰恰佐证了这种经营理念的正确性。

精益理念　完善提案制度

问题管理与提案改善是企业通过制度化的奖励措施，引导及鼓励各级管理者、员工积极主动地发现问题，提出解决方案、改进方案或创造发明的活动。

1950 年，丰田英二从美国福特公司的“动脑筋创新制度”受到启发，开始在丰田公司内部开展创意改善提案活动。他之所以作出这个决定，目的在于通过不断开发员工的个人改善和创新能力，来改善丰田公司的经营状况，同时使该个体能力得到提升。

60 多年来，改善提案活动一直被视为提升个体工作和改善能力、强化参与经营意识的有效介质。据统计，丰田公司在 2000 年度的提案数量达 65 万件之多，采纳率高达 99%。就这样，丰田通过提案活动大大提升了员工改善能力，培养出一批批成为掌握现场技能操作和改善技术的优秀人才。

员工提案管理的常规流程设计非常简单，但使之运作起来难度却不小。传统的提案系统需要经过很长的过程：会计师要计算出预计的改善成本；总经理要对预算加以审查、分类、挑选；管理者要做好记录，并传送信息；然而几个月后，员工很可能收到一封感谢信："你的建议非常好，只是我们公司尚未具备实施的能力和资源。"这无疑是对人们积极性的极大打击。所以，实施精益改进，必须建立一条激励员工提出建议的稳定渠道。而如何使这个渠道开始运作，并保持提案的流动性，就显得尤为重要。

事实上，我们对于提案的作用了然于胸，而且提案管理所带来的精益成果也不容小觑。比如，佳能公司早在 1983 年开始提案管理。当年，佳能员工共提出 39 万个提案，其价值约 8 400 万美元，而在提案管理工作方面产生的耗费仅为 108 万美元，获利 70 多倍。那么，我们应如何发挥提案管理的作用，同时使提案管理也被精益化呢？

1. 实现提案管理可视化

与精益管理的其他方面一样，我们可以借助可视化管理来对提案进行管理。原因在于：当我们以可视化的形式将实际结果与预期目标进行对比时，员工履行承诺和完成任务的责任感便会因可视化所带来的激励而大幅增加。同理，如果我们能将大家的建议予以张贴、公布，使其他人看到，便会鼓励大家提出更多更好的提案。

另外，如果对一个提案实现了可视化控制，那么"倾听"的概念便被转化为"能看到的东西"。无论是何种环境，人们都希望自己的意见能够得到认真的倾听，得到他人的认可。

但是，很多人常认为没有值得聆听的提案，或对改善提案毫无兴趣可言。事实绝非如此。首先，倾听会对提案者产生强大的激励作用。即使倾听者在倾听后没有采取进一步的行动，但同样可以产生这样的效果。其次，在大多数情况下，提案者从未停止过建议，只是在提出建议根本没有作用时他们才会放弃。

2. 建立奖励制度

奖励是对提案有效性的直接反映，是对员工的极大鼓励。因此，企业应该根据提案的实际运作结果，评估该提案的价值，对员工进行奖励。

企业可以对不同的提案进行价值评估，然后确定其等级，制定相应的奖励项目。也可以根据最终的执行收益，计提百分比作为员工的奖金，等等。总之，建立奖励制度，维持员工的提案热情是必要的工作。

3. 力求决策最优化

当然，即便是被采纳的提案，人们也会追求决策最优化。根据西蒙决策理论，人们在对各种可行方案进行评价和选择时，总是采用"最优化的原则"。也就是说，在采用最优化原则进行决策时，决策者必然会准备多个备选的决策方案，同时预估每个方案的实施结果，并对各种方案实施结果的优劣进行排序。为了达成决策最优化，我们可以借助集体的力量。

很多企业的精益提案是由管理者和精益导师提出的，其实这项工作完全可以由全员共同完成。群策群力的力量是巨大的。只有当提案积极地被提出，而人们能够从众多提案中选出最优的提案，那么提案精益化便实现了，开展高效改善也更有依据。

辅助阅读

A3 纸报告法

解决问题是一门思考的学问，但把东西写下来有助于思考，如何把每一步骤的重要信息与决策记录下来，和他人分享，获得意见，并吸取他们的意见以作出适当修改呢？

通常情况下，人们会考虑用大量数据表或大型数据库来汇总问题，但往往信息量过于繁杂，且离题漫游，而需要花费大量时间去找寻信息间的逻辑。丘吉尔曾这样幽默地讽刺一份冗长的报告：“这份文件的长度把它自己捍卫得很牢固，完全避免了被阅读的危险！”

为了避免这类问题的发生，丰田发明了一种便于阅读的方法——使用铅笔、橡皮和一张 A3 纸，来编写“A3 纸报告”。这种报告通常以少量文字和绘图结合使用，把问题的源头，分析，纠正和执行计划等各种信息呈现得非常清楚简明，可以用很短的时间阅读、理解，并辅以作出决策。

使用 A3 纸报告的完美执行

使用 A3 纸报告讲求的是一个完整开端、随时追踪、完美收场并随时改善的过程。在使用 A3 纸报告时，改善者及时地跟踪改善项目，及时提出建议，避免改善结果与目标差距太远。更重要的是，在这个项目完成时，团队成员应该对这个解决问题的循环和持续改善的思维产生一个全新的认识，并在以后的工作中利用它。

为了实现 A3 纸报告的价值，需要改善者将 A3 纸报告的表现形式做得更为生动、直接。A3 纸报告的目的是鼓励人们思考，因此可以尽可能多地使用图表、数据，浅显易懂。例如，在说明目前状况和目标状况时，可使用 SWOT 分析、价值流程图、柱形图等；在原因分析时，可使用鱼骨图或 7 大质量手法等；而在规划行动时，可以使用甘特图。图表化的 A3 纸报告更容易让人理解。

此外，保持A3纸报告的及时更新也非常重要。A3纸报告是一个很重要的沟通工具，也是改善活动的“宣传栏”。一份及时更新的A3纸报告，更容易获得领导和同事的认可。

通过A3纸报告，我们可以展现出整个问题的发现、定位、分析，判断真正的核心问题点，并展示自己的处理建议。当然，也不可否认，A3纸报告虽然能够有效传递信息，但仍然并非完美的。因此，我们仍然可以对其内容与形式不断地加以改进。

A3纸报告的制作重点

A3纸报告的制作是一门艺术，并没有适用各种情况的唯一方式，但一些重点原则是通用的，可以使其呈现的信息更容易被理解。通常情况下，改善者在制作A3纸报告时应注意以下事项：

(1) 避免过多文字叙述。以趋势图方式展现数据，更易于快速理解。

(2) 对类似的信息使用一致的格式。例如，趋势图中设置统一的刻度等级，以免造成视觉误导。

(3) 如必须使用文字说明，则分别列点说明，不要使用过长的句子论述。

(4) 避免罗列过多项目或过小的数据，以免使得报告不易于阅读。

(5) 使用箭头或数字来标识信息走向，使读者了解各部分信息间的关系。

(6) 使用视觉平衡感，使读者保持注意力的集中。

很多人误以为，使用A3纸报告就是填入框框表格或绘制花哨的图表，意图施展一种报告制作技巧，并且花许多时间比赛看谁制出的图表最新奇。实际上，这并非A3纸报告的主要诉求点。A3纸报告应该实现的价值是有效沟通、分享重要信息、寻求支持、征询建议、达成共识、解决问题以及获取成果。无论为A3纸报告选择何种内容或表现形式，都是基于实现这些价值而存在的。

第3节 精益教育系统

没有拥护精益理念的团队和人才，精益化的推行势必困难重重。而为了更加有效地推行精益化活动，企业有必要建立一套标准化的教育和培训机制。

案例引入 丰田坚持培养精益人才

很多管理者都在思考一个问题："丰田生产方式是如何发展到当前规模?"对此众说纷纭，但是却没有人能够给出一个确切的答案。不过，可以确信的是，如果缺少了优秀人才，那么丰田生产方式便会很快面临崩盘的境地。在丰田生产方式发展的早期阶段，大野耐一曾希望他的这些理念能够得以快速推广，但是他却遗憾地发现：当时丰田的员工尚不具备足够的能力。

有一次，大野耐一进入生产车间，想尝试完成一项任务，这项任务需要几位具备多项技能的员工来共同操作。但是，在执行该任务的过程中，他却受到了很大的阻力。大野耐一自此意识到：丰田必须培养出一些能够支持自己将这些理念转化为现实的员工。如果仅仅一味地要求员工遵循企业制度规范，那么最终是难以实现这一目标的。而那些具有主动思考能力的员工，却可以协助他将自己的新理念付诸实践。事实上，企业构建工作流的目的正是暴露出工作中潜藏的问题，迫使员工主动思考解决问题的方法，并帮助员工提升自身的素质能力。

不过，大野耐一的思想又一次遭到反对。有些管理者借用亨利·福特的话来驳斥大野耐一的用人理念："我需要一双手，为什么还要加上一颗脑袋呢?"也就是说，企业只需要员工做事，而不需要他们贡献别的。那些思考、创造、改善、发展等活动交给管理者和相关专家即可。而大野耐一斩钉截铁地告诉他们："仅仅依靠几位管理部门的专家，无法应对精益管理中的所有问题。如果继续沿用过去的单纯依赖管理层的做法，那么必将导致丰田生产方式的失败。"

反对声浪没有击退大野耐一，反而使他的想法更加坚定了。大野耐一迅速着手为丰田招聘一大批优秀员工。他希望那些具有优秀人才潜力的员工可以迅速上岗。但是，现实情况却使大野耐一感到非常无奈：这些新招聘的员工与其他企业的员工具有相似的广泛特性和问题，诸如缺勤、拒绝变革、缺乏干劲甚至不愿意接受丰田生产方式的理念等现象也同样存在于丰田员工的身上。

大野耐一的无奈感慨，相信很多中国管理者都感同身受。如今，很多中国企业纷纷开始走上精益生产之路，越来越多的企业意识到如果不进行生产领域革新的话，那么企业未来很可能走进一条死胡同。但是，每个企业又都面临着一个难题：缺乏精益生产方面的人才。目前数万家企业都在如饥似渴地期待着能够给企业带来利益的精益生产人才。虽然各家企业都在大张旗鼓地招聘人才，甚至开出高于同行业的薪酬，以期将最优秀的人才招募于本企业麾下，但是招聘来的人才却总是存在某方面的欠缺。

其实，这是人类行为普遍存在的现实性和局限性。大野耐一在实行精益管理的过程中逐渐意识到这一点。他认为可以借助有效的人才机制，来将这些局限性降至最低。于是，在员工招聘时，丰田会根据应聘者的潜力、是否适合特定工作以及丰田的企业文化来谨慎地挑选员工。只有那些具备常见问题的解决能力并愿意参与团队协作的应聘者，才有资格被录用；而后，丰田即开始对员工进行特定能力培训，将员工一步步塑造为符合企业需求的员工。可以说，丰田这种人才养成机制值得很多企业学习和借鉴。

精益理念　开展督导人员培训

随着丰田汽车逐步取得成功，TWI 人才培养方案开始受到很多企业的热捧。毋庸置疑，丰田的员工培养机制是值得很多企业学习借鉴的。

TWI 方案

TWI 方案包含了四大部分，即工作指导、工作方法、工作关系和方案培训。企业先利用这些方案培养出内部培训人员和督导人员，再由他们去培训其他员工。如果每位合格的培训师都能培训出数位督导人员或培训人员，每位督导人员或培训人员又培训出更多助手，那么 TWI 方案创造的效益便会呈几何级数增加。

1. 工作指导

TWI 方法旨在帮助督导人员对没有任何工作经验的新员工进行工作培训。培训内容是根据数十年的实践经验而设计的。随着时间的推移，培训方案的教材被稍作调整，但基本前提不曾改变。这个基本前提是将工作内容细分为多个项目，确定重点，示范和练习操作，最后达到熟练的程度。

2. 工作改善

工作改善是指通过系统地分析每项工作涉及的各个层面和细节，有效利用身边的人员、设备、物料等方面，来消除人力和物力等资源方面的浪费，从而实现有效作业，提高生产力。此项课程旨在帮助人们掌握工作改善的方法。

3. 工作关系

此项课程旨在为督导人员提供处理及改善工作关系的一些方法。因为有些许多督导人员可能缺乏经验，不了解如何有效处理员工问题和一些重要事项。这项培训课程涵盖了对员工表现的意见反馈、内部事项的处理、好的构想和表现的奖励、变革事项的交流沟通、工作能力的利用等内容。

4. 工作安全

保障安全是现场一切人、事、物存在的基本保障。工作安全管理是为实现现场安全运作而组织和使用人力、物力和财力等资源的过程，本课程的目标是传授工作安全管理模式，督促人们主动发现并消除安全隐患。

TWI 方案落实

原版 TWI 方案的源头是美国，该方案落实过程中存在一定的局限性，比如，在工作指导培训学习过程中，每位学员只有一次实际练习的机会，而且在教室里只能向其传授工作内容中的某个部分。参加培训的人员无法了解全部内容，也不能获得足够的现场实践的机会。

针对这种培训方法的弊端之处，丰田作出了改进。比如，丰田将工作指导培训法按照四个步骤来开展，如表 6—3 所示。

表 6—3　丰田工作指导培训四步法

步骤	主要内容
第一步：使参训人员做好准备	使参训人员放松。 告诉他们所担任工作的名称。 了解他们对此工作目前的了解。 激发其学习兴趣。 使参训人员对工作抱有正确的认识。
第二步：展示操作	说明、展示、示范工作中的每一个主要步骤，一次一个步骤。 说明、展示、示范工作中的每一个主要步骤及其关键点。 说明、展示、示范工作中的每一个主要步骤、关键点及关键点理由。 进行明确、详尽的指导。 注意每次教授内容的量，确保员工能够熟练掌握。
第三步：试执行	让参训员工尝试实行工作，并矫正其错误。 让参训人员再做一次，并解释主要步骤。 让参训人员再做一次，并解释每个主要步骤的关键点。 让参训人员再做一次，并解释每个关键点的理由。 重复，直到确定参训人员已经充分了解这项内容。
第四步：后续追踪	为参训人员指派一项工作。 告诉参训人员可以向何人求助。 定时或不定时地检查其工作进展。 鼓励参训人员提出疑问。 逐渐减少后续跟进中的指导。

从上表中我们可以看出，这个培训过程加大了培训员完成受训课程后的追踪频率。

事实上，丰田为员工培训而专门设立了“总培训师”制度。该制度规定：总培训师负责对担任培训工作的员工进行培训。每家工厂中可能只有一位或两位总培训师，总培训师必须承担起培训人员的培训课程。而每一位培训人员返回工作岗位后，由其他技巧娴熟的培训人员和团队管理者作进一步指导跟踪。

当然，丰田并非一开始就拥有了如此雄厚的人才培训能力，也跟其他企业一样，在不断的学习和积累过程中不断强化人才培训技巧。

另外，原版 TWI 培训方法更倾向于照本宣科，没有任何偏离的空间。而丰田则在实际操作过程中进行了局部修改。而在实际应用过程中，丰田通常会维持核心方法，视情况对某些培训内容加以调整。例如，在工作现场中，培训人员会以实际工作为例进行示范操作，这是比较逼真的培训方法；当培训课程在工作区域附近进行时，也可以采用这种方法。

以上是 TWI 和丰田采用方案的一些细节。可以说，TWI 非常很符合丰田公司管理者的思维。虽然 TWI 是为了应对特殊需求而推出的人才养成方案，但是它的实际应用范围远不局限于此。管理者们在向丰田学习的过程中，可以借鉴其方法与思维，使之成为本企业人才养成活动的起始点。

辅助阅读

TWI 的产生与发展

说起 TWI 培训方案的“原产地”，并非诞生于日本本土，而是从美国舶来。从美国的最初尝试到日本的演进，TWI 人才培养方案被人们称为“一项诞生于特殊背景下的壮举”。

1940 年，德国攻克法国，这引起了美国的极大关注，美国加快了境内的军需品生产。但是，当时却面临着一个巨大的问题：许多技能熟练的工人被招募从军，只剩下一些经验不足的工人来填补位置。美国战争统筹委员会马上意识到，工厂迫切需要技能娴熟、经验丰富的员工。于是，美国战争统筹委员会于 1940 年 8 月推出了 TWI 方案，以提高生产效率，降低生产成本，支撑美国军需品、物资承包商。

第二次世界大战后，美国生产局协助日本重建经济。他们发现日本技术劳动力潜力极为雄厚，但缺乏有效的督导人员，故为日本引进了 TWI 训练，并派遣本国的制造业专家前往日本推广现代制造方法，为日本培训了大量的督导人员。

日本逐渐发现这一培训的重要性，于是为此成立了日本产业训练协会，并由日本劳动省大力推广。可以说，TWI 方案对第二次世界大战后日本经济得以迅速发展起到了极大的促进作用。

显然，丰田公司深深赞同 TWI 的目标。1950 年，丰田陷入劳资争端中，工会方面提出有关现场管理者进行培训的要求，这次呼吁成为丰田引进 TWI 的先声。随后，丰田接受劳动省的支持，开始推行 TWI 人才培养方案。

案例引入　丰田的职业导师制度

在丰田，当一位新员工刚刚进入结构工程部时，该部门会为他配备一名职业导师（资深工程师）和一个精益改进项目。这通常是一个小型、具有挑战性的技术项目，比如如何减少某个零件上所需的线束扣件孔数量。实施这个项目的目的是让新员工学会利用基本工具并寻求其他方法来完成任务，以协助讲授丰田工程方法。丰田导师们会始终强调一点，即一位员工不能仅仅向上级提交问题的答案，还要考虑多种可能的解决方法及其影响力，并且用决策矩阵等形式表示出来。通过这个新人项目可以使新员工全面融入到精益生产方式中。

在员工为期 8 年左右的发展阶段，导师会持续不断地对其加以辅导和考核。在考核过程中，导师会根据丰田标准要求来衡量该员工的技术进步程度、对公司的流程及标准方法的坚持，同时也会考虑与该员工合作者的意见，以补充考核参考信息。然后，据之概括出该员工工作中的可改进之处，并形成改进计划。在这种培训模式下，日后员工无论从事任何工作，都会始终坚持精益原则。

在丰田汽车内部，人们将"真北"（导航上提到北极与领航员相对的位置，北极星就是真北的位置）作为他们完善精益管理的终极方向。就如同古代旅行家需要借助北极星的指向来行路一样，人们需要依赖内部导师来保持自己始终朝着同一个方向发展。在精益实施中，职业导师角色之重要就如同北极星之于旅行者的重要。和职业导师一起工作更接近实习或学徒关系，这是其与传统培训的不同之处。在职业导师的指导下，人们会学会如何将理论运用到实际环境中，并仔细核查自己的学习结果如何。

一些优秀的职业导师会选择使用苏格拉底式的工作指导方法，通过提出问题来激发人们全面思考的各种可能性，以此拓展其精益思维和精益认知。在这方面，职业导师会邀请人们尝试思考以下问题：

(1) 如何辨别这个区域中什么状态是不正常的，而什么状态又是正常的？

(2) 如果将测试的时间间隔缩短，你有可能发现什么？

（3）在这种情况下，你最应该做些什么工作？

（4）怎样才能使你的预期目标更加明确清晰？

（5）你怎样才能确认自己是否按照规定的流程来操作？

（6）如何知道那一项任务时由谁来负责的呢？

（7）如何确认自己已经全然了解这些情况？

在早期介绍精益或其他特定技能或方法的基本概念时，一些导师的教学方式可能更像是典型的课堂教学。为了使这些教学效果更佳，课程内容会被迅速应用于车间中的观察工作和实际应用，而导师们则会迫不及待地将学员们带到车间中进行现场实践，以此巩固所掌握的理论，并解决实际工作中所遇到的各类问题。

精益理念　人才的教育与职业发展

随着精益思想的推行，越来越多的企业管理者已然意识到：在开展人才培训活动时，应将企业全员作为培训对象，而不是仅仅局限于管理者层面或技术层面。因为任何一位员工的能力缺失都会拖住精益化推行的后腿，只有全员能力得到提升并满足需求，最终才能实现精益化。

精益管理的推行需要企业全员参与。换句话说，每位员工都是精益生产的主人。那么，如何让所有员工都发挥出自己作为精益主人的作用呢？此时，管理者就要发挥人才养成机制的作用——对全体员工加以培养，使之具备所需要的素质能力。换句话说，人才养成机制面向的对象是企业全员。

明智的管理者知道，处于成长阶段的员工情绪上更快乐，生产效率也更高，而更有能力的员工可以更有效地支持企业的精益化进程。

员工的教育并非只是管理者想要某位员工学习工作方法与技巧，或是改善其绩效弱点，人才培养需要考虑更长远的问题。员工教育需要达到以下三个基本目的：

（1）使员工通过培训掌握完成工作所需要的工作技能。

（2）规划培养相关工作技能，如成为一名培训人员、学习解决问题的方法或成为特定领域的专家。

（3）考虑每位员工的个人成长与职业发展，如领导力的培养与发展，将来的职业走向或晋升通道。

其中，员工的个人职业发展是非常重要的一个内容。企业不应该将员工当作一时的生产工具，而要致力于员工长期服务于企业。同时，被给予更多成长机会的员工，对企业的贡献也会越大。不论是当前的作业，还是长期的人才储备，都会有一个比较稳定的保障。

应用案例

华为的双职业通道

“学而优则仕”是儒家思想的传统。“仕”往往意味着比较高级的阶层和地位。而毫无疑问的是，大多数员工，特别是深受儒家思想影响的国内员工，都希望自己找到“仕途”，得到一个发展机会来实现自己的价值。可是，任何组织和团队的“官位”都是有限的，也并非所有的员工都有“当官”的潜质。因此，我们总能看到那么多“怀才不遇”的人，他们工作懒散，甚至会有抵触心理。

华为作为一个人才聚集的企业，近 90%以上的员工都具有大学以上学历。这些高素质的人才进入华为，并不完全是因为华为能够提供更丰厚的待遇，而是在华为，他们能够得到一个更大的发展平台。

为了保障员工的职业发展，华为采取了有效的办法：建立双职业通道（如图 6—2 所示）。这种双职业通道是两条平行的职业通道，其中一条是让员工向行政干部发展的管理类通道，第二条则是让员工向技术专家发展的技术类路线。

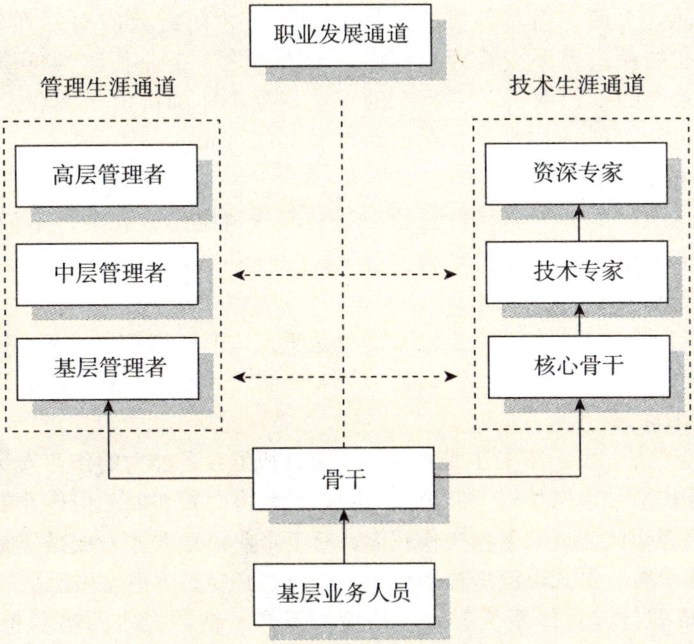

图 6—2　华为的双职业通道

> 双职业通道模式是在为大部分员工提供正常的职业发展路线的同时，也为专业人员设计出一条更合适的职业发展道路。其模式为：管理生涯通道，即沿着这条道路发展的员工可以成为高层管理者；专业生涯通道，即沿着这条道路发展的员工可以成为资深的技术人员。
>
> 通过给员工两条不同的发展路径，并保持两个通道中同一等级的管理人员和技术人员的地位平等，就能够同时聘请到有着高超技艺的专业技术人员和高技能的管理者。
>
> 双职业通道为很多有专业技术功底的人员敞开一道大门，激励他们朝着技术方向发展，同样能够实现自己的价值。而且，这种发展模式避免了员工在管理道路上争得“头破血流”，维护了团队的稳定。

丰田公司在推行精益化管理的同时，经过数十年的尝试、积累和沉淀，摸索出了一套极为完善的人才育成体系，为公司培养了大批的管理人才、技术人才、改善人才，使丰田成为世界制造领域里知名度最高的育人基地。

1. 建立各类教育程序

既然被称为“精益人才育成体系”，那么它就不能仅仅是为员工安排的某一项培训课程。为了促动精益管理实践，精益人才必须掌握系统的理论和实践知识。唯有如此，人们在面对各类变化性因素时，才能有效应对；在日常管理中，才能以最精益的模式做事或管理；即便是从个体之于企业整体的价值而言，人们也必须借助系统的知识架构，亦更有助于实现出个体的价值最大化。丰田人才教育程序内容包括全员导入教育、在职教育和部门教育。

2. 员工技能工作学习计划

丰田公司的每个员工都有自己的一套学习计划档案。其中，不但包括学习计划，还标注了各种要求，这非常利于员工按目标和要求来学习。

3. 生产操作岗位的技能培训

丰田操作岗位的技能培训是通过等级确认来完成的。它包含了基本技能、本岗位技能、多技能、改善能力、指导改善能力等五个能级，旨在形成人才培养的阶梯。

4. 多能工训练

在丰田生产方式下，多能工是具有操作多种机器设备能力的作业人员，或在生产线上能熟练操作两种或两种以上岗位的工种，且能协助相邻两工位作业的人员。实践证明，着力培养作业人员的多项操作技能，对于企业精益人才养成是非常有益的。因此，为了消除浪费，最大限度地控制成本，企业有必要大力倡导多能工的培训。

丰田的培训与教育体系值得企业借鉴，但是，精益人才的培养也并不是整齐划一的，企业需要选择合适的员工开展合适的、必要的培训和教育，为精益人才的储备做最充分的准备。

后 记

闻悉本书即将出版，不胜感慨。这本书从最初的调查研究到中途的设计与写作，以及随后的出版审阅等，都是一个艰难而且辛苦的过程，也是一个自我学习的过程。之所以是自我学习的过程，是因为在过去的一段时间里，围绕这本书的研究与写作，我获得了各种各样的帮助，这些帮助包括心智上的点拨、具体写作过程的指导和资料收集论证上的协助。

在这里，要特别说明的是，这本书的创作融入了团队的智慧，我们团队中的大部分人都参与了这本书的撰写或资料收集分析工作。这些人包括：洪少萍、孙科柳、李瑞文、秦术琼、宋松红、谭海燕、谭汉贵、王晓荣、杨兵、杨选成、袁雪萍、孙东风、孙丽等。本书最终由孙科炎和潘长青进行文字修订，并定稿。

在此，对以上人员表示衷心的谢意！

华通编委会

2015 年 12 月于北京

参考文献

[1]［美］杰弗里·莱克. 丰田汽车案例：精益制造的 14 项管理原则. 李芳龄译. 北京：中国财政经济出版社，2008

[2]［美］曼恩. 精益企业文化. 马常松等译. 北京：中国财政经济出版社，2010

[3]［日］今井正明. 改善：日本企业成功的奥秘. 周亮等译. 北京：机械工业出版社，2011

[4]［日］今井正明. 现场改善：低成本管理方法. 华经译. 北京：机械工业出版社，2010

[5]［美］詹姆斯·沃麦克，丹尼尔·琼斯. 精益思想. 沈希瑾等译. 北京：机械工业出版社，2008

[6]［美］史蒂芬·拉佛. 走向精益. 王占波译. 北京：机械工业出版社，2010

[7]［美］约翰·德鲁，布莱尔·麦卡勒姆，斯蒂芬·罗根霍夫. 精益之道. 吕奕欣等译. 北京：机械工业出版社，2007

[8]［美］杰弗瑞·米卡. 改善：丰田式的高效执行秘诀. 赵海青译. 北京：机械工业出版社，2009

[9]［美］杰弗里·莱克，大卫·梅尔. 丰田人才精益模式. 钱峰译. 北京：机械工业出版社，2010

[10]［日］大野耐一. 大野耐一的现场管理. 崔柳等译. 北京：机械工业出版社，2008

[11]［日］大野耐一. 丰田生产方式（收藏版）. 谢克俭，李颖秋译. 北京：中国铁道出版社，2014

附录

中层管理者推进精益落实

《中层管理者实用精益管理学》大纲

古人讲“精益求精”，是指让已经很好的东西更上一层楼，变得更好。一般做事如此，管理工作更应如此。精益求精，便是精益管理的核心思想。

课程简述

虽然精益管理推行的核心层次在基层，但是，没有中层和高层管理者的支持，精益管理的推行也不可能持久而有效。在这当中，与基层管理更加密切的中层管理者更是发挥着至关重要的作用。那么，中层管理者该如何建设支持性的精益管理体系和文化，配合精益化的推进？该如何对不同的车间或部门进行协调，实现更精益的内部价值流？为了解决这些问题，我们设计了本书。希望通过此书，能够帮助中层管理者学习精益协调和支持的有效方法，实现精益化的更加广泛、深入地推行。

本书立足于中层精益管理实践，借助各种精益管理的实践案例和情景，阐述精益管理的推行手段和理念，希望能够帮助中层管理者更好地掌握精益化的管理方法，实现精益管理系统的构建，推动企业管理整体的精益化。

第 1 讲

什么是精益？

（对应课程第 1 章第 1 节：什么是精益）

1. 价值

知识点：企业价值，价值，价值流

2. 持续发展

知识点：精益管理的宗旨，精益管理的持续发展原则

授课目标：理解价值与价值流的概念，理解精益管理的本质；了解持续发展的必然性和必要性。

第 2 讲

树立正确的精益观念

（对应课程第 1 章第 2 节：转变管理观念）

1. 消除浪费

授课目标：认识市场变化，转变传统的管理观念，树立精益的现代管理观念。

知识点：增值活动，非增值但必要的活动，非增值活动；7 大浪费

2. 批量生产与小批量生产

知识点：一个流生产，拉动式思想

第 3 讲

价值流精益化的三个层次

（对应课程第 2 章：价值流精益化）

1. 车间价值流精益化

知识点：车间管理精益化的三个方面

2. 部门价值流精益化

知识点：以顾客为导向的部门协同

3. 供应链的精益化

知识点：精益化的供应链，供应链一体化

授课目标： 理解价值流的三个层次，掌握不同层次价值流精益化的落脚点。

第 4 讲

生产车间的精益化改善

（对应课程第 3 章第 1、2 节）

1. 生产的效率提升

知识点：导致低效率的 3 个主要因素；效率提升的 4 个手段

2. 生产的效果保障

知识点：全面质量管理

授课目标： 掌握车间层价值流精益化改善的两个关键点，理解提升效率和保障效果的主要方法。

第 5 讲

精益环境建设

（对应课程第 3 章第 3 节：精益环境建设）

1. 物理环境建设

知识点：7S 管理法

2. 人文环境建设

知识点：精益素养的两个维度

授课目标： 认识精益环境建设的重要性，掌握 7S 现场管理的基本内容；掌握精益素养培养的要点。

第 6 讲

精益职能体系

（对应课程第 4 章第 1 节）

1. 认识组织结构

知识点：组织结构的 6 个效度指标

2. 精益化的组织结构

知识点：流程型组织，精益组织结构的特点

授课目标：理解组织结构对于精益化的重要意义；认识精益化组织结构的基本特点和优化方向。

第 7 讲

部门协同精益化

（对应课程第 4 章第 2、3、4 节）

1. 协同的成本管理

知识点：成本管理的减少法和增加法，纵向与横向一体化的成本控制

2. 协同的技术研发

知识点：并行工程，集成产品开发模式

3. 绩效支持系统

知识点：目标协同管理，目标价值管理

授课目标：认识部门协同的重要性，认识部门管理误区，掌握部门协同的落脚点。

第 8 讲

供应商管理

（对应课程第 5 章第 1 节：供应商管理）

1. 选择合适的供应商

知识点：供应商管理的重要性，供应商管理的基本维度

2. 实现与供应商的双赢

知识点：丰田的供应商管理

授课目标：认识供应商管理精益化的重要性，理解供应商管理的开展维度；理解与供应商共同精益的必要性。

第 9 讲

库存管理

（对应课程第 5 章第 2 节：库存管理）

1. 准时化采购管理

知识点：经济订货量，采购的几种新型模式

2. 准时化配送管理

授课目标：认识精益化库存管理的重要性；掌握订货管理的基本原则，掌握基本的库存管理方法。

知识点：准时化配送，供应商管理库存法，ABC库存管理法

第10讲

销售管理

（对应课程第5章第3节：销售管理）

1. 客户管理

知识点：客户管理的精益化原则

2. 营销渠道管理

知识点：营销渠道，渠道管理

3. 危机管理

知识点：危机公关，危机公关的原则

授课目标：认识销售精益化的重要性；掌握客户管理和渠道管理的基本原则和方法；认识危机管理的必要性，掌握危机公关的原则。

第11讲

改善与学习

（对应课程第6章第1、2节）

1. 循环改善机制

知识点：学习型组织，PDCA

2. 问题管理体系

知识点：寻找问题根源，5WHY分析法，全员经营，提案管理制度，A3纸报告法

授课目标：理解循环改善的必要性，掌握PDCA循环改善体系；掌握问题管理的基本原则和方法，掌握提案管理制度。

第12讲

精益教育体系

（对应课程第6章第3节）

1. 人才培养体系

知识点：督导人员培训

2. 培训与职业发展

知识点：双职业通道，丰田的人才育成体系

授课目标：认识精益人才培养的必要性，理解人才培训和职业发展体系建设的方法；掌握督导人员培训制度。

图书在版编目（CIP）数据

中层管理者实用精益管理学/易生俊，孙亚彬著．—北京：中国人民大学出版社，2016.1

（实用精益管理培训系列教程）

ISBN 978-7-300-22291-2

Ⅰ．①车…　Ⅱ．①易…　②孙…　Ⅲ．①企业管理　Ⅳ．①F270

中国版本图书馆 CIP 数据核字（2015）第 309261 号

实用精益管理培训系列教程

中层管理者实用精益管理学

易生俊　孙亚彬　著

Zhongceng Guanlizhe Shiyong Jingyi Guanlixue

出版发行	中国人民大学出版社		
社　　址	北京中关村大街 31 号	**邮政编码**	100080
电　　话	010－62511242（总编室）		010－62511770（质管部）
	010－82501766（邮购部）		010－62514148（门市部）
	010－62515195（发行公司）		010－62515275（盗版举报）
网　　址	http：//www. crup. com. cn		
	http：//www. 1kao. com. cn（中国 1 考网）		
经　　销	新华书店		
印　　刷	北京易丰印捷科技股份有限公司		
规　　格	170 mm×228 mm　16 开本	**版　　次**	2016 年 1 月第 1 版
印　　张	10. 75　插页 2	**印　　次**	2016 年 1 月第 1 次印刷
字　　数	177 000	**定　　价**	39. 00 元